Almut Otto

FRED&OTTO
unterwegs im Chiemgau
und Berchtesgadener Land
Wanderführer für Hunde

Almut Otto

FRED & OTTO
unterwegs im Chiemgau
und Berchtesgadener Land
Wanderführer für Hunde

Impressum

Bibliografische Informationen der Deutschen Nationalbibliothek
Die Deutsche Nationalbibliothek verzeichnet diese Publikation in der Deutschen Nationalbibliografie; detaillierte bibliografische Daten sind im Internet über http://dnb.d-nb.de abrufbar.

ISBN: 978-3956930102

Grafisches Gesamtkonzept, Titelgestaltung, Satz und Layout:
Stefan Berndt – www.fototypo.de

© Copyright: FRED & OTTO – der Hundeverlag / 2014/15
www.fredundotto.de

Alle Rechte, auch die des Nachdrucks von Auszügen, der fotomechanischen und digitalen Wiedergabe und der Übersetzung, vorbehalten.

Illustration: Leandro Alzate
(www.leandroalzate.com)

Trotz intensiver Recherchen können sich Telefonnummern etc. und Details, selbst Wege verändern. Wir freuen uns deshalb, wenn Sie uns Verbesserungsvorschläge schicken. Alle Angaben sind ohne Gewähr.

Abbildungsnachweis

Alle Fotos: Almut Otto, außer

Andy Wille: S. 104, 107, 108

Ann-Kristin Wille: S. 125 oben und unten

Carolin Scheiter: S. 166, 169

Eddy Balduin: S. 152

Elisabeth Kövari: S. 126, 129, 130

Gabriele Wille: S. 8, 61, 122

Petra Albrecht: S. 120

Rosi Paul: S. 55, 56

Simone Kuhnt: S. 145

M. Melchhammer: S. 170

Finde uns auf Facebook unter www.facebook.com/fredundotto

Inhalt

	Vorwort	6
	Wandern mit Hund	8

Chiemgau		
	Tour 01: Naturoase Eggstätt-Hemhofer Seenplatte	19
	Tour 02: Chiemseeuferweg von Prien nach Gstadt	25
	Tour 03: Auf den Grasgipfel des Heubergs	31
	Tour 04: Durch bayerische Landidylle zum Dandlberg	37
	Tour 05: Erlebnisberg Hochries	43
	Tour 06: Rund um den Haindorfer Berg	47
	Tour 07: Auf die legendäre Kampenwand	53
	Tour 08: Geigelstein: Blumenberg des Chiemgaus	59
	Tour 09: Spitzstein: Panoramaberg mit Gaumenfreuden	63
	Tour 10: Kleinod wildromantische Kendlmühlfilzen	67
	Tour 11: Hochgern: Gipfel mit Aussicht	73
	Tour 12: Unterwegs zur Piesenhauser Hochalm	79
	Tour 13: Badespaß am Taubensee	83
	Tour 14: Zum Gipfelkreuz des Dürrnbachhorns	87
	Tour 15: Der Schmugglerweg zum Staubfall	91
	Tour 16: Schneegestöber im 3-Seen-Land	97
	Tour 17: Grandioser Rundumblick vom Hochfelln	101
	Tour 18: Ausflug in das Obere Alztal	105

Berchtesgadener Land		
	Tour 19: Auf einsamen Pfaden zum Teisenberg	113
	Tour 20: Über den Bergrücken des Högls	117
	Tour 21: Zwiesel und Zenokopf	123
	Tour 22: Historische 3-Almen-Wanderung	127
	Tour 23: Sommerspaß in der Weißbachschlucht	133
	Tour 24: Vom Zipfhäusl zur Predigtstuhlbahn	137
	Tour 25: Bergpanorama am malerischen Hintersee	143
	Tour 26: Tosende Klamm und karges Wimbachgries	147
	Tour 27: Zu Füßen der Watzmannfamilie	153
	Tour 28: 360°-Blick von der Kneifelspitze	157
	Tour 29: Plantschvergnügen in der Almbachklamm	161
	Tour 30: Geheimtipp zum Scheibenkaser	167

Vorwort

„Was ist das Besondere an einem Hundewanderführer?" wurde ich bei den Recherchen zu diesem Buch oft gefragt. Doch schon nach den ersten Erklärungen war den meisten klar, dass ein Wanderführer für Vierbeiner ganz andere Aspekte berücksichtigt, als einer für Zweibeiner oder einer für Touren mit Kindern.

Hundebesitzer und ihre besten Freunde stellen eigene Ansprüche an einen perfekten Tag in der Natur. Ob Freilauf- oder Wasserstellen, einsame Wege, Schattenplätze oder hundefreundliche Gaststätten und Almen – jeder Hundebesitzer ist froh, wenn er geprüfte Tipps von Gleichgesinnten erhält. Und damit nicht nur die Wanderung, sondern auch das Drumherum passt, finden in diesem Wanderführer zudem hundefreundliche Übernachtungsmöglichkeiten sowie Tierärzte im Umkreis ihren Platz.

In meiner Wahlheimat, dem Chiemgau, bin ich täglich mit Labradordame Salome und ihren Hundefreunden unterwegs. Es macht einfach Spaß, abseits der Routine neue Wege zu entdecken. Und so stellten meine Freunde und ich beim Wandern immer wieder fest: Diese Tour ist so schön, die müssen wir unbedingt bald wiederholen.

Im nicht weit entfernten Berchtesgadener Land erhielt ich neben eigener Recherchen – dank der einheimischen Hundebesitzerinnen Elisabeth Hiltermann (Tourismusexpertin) und Carolin Scheiter (Leiterin der Pressestelle des Nationalparks Berchtesgaden) – wertvolle Wandertipps mit Hund. Nicht zuletzt waren sie auch selbst im Dienste des Wanderführers unterwegs.

Natürlich konnten nicht alle schönen Wanderungen der Region in diesem Buch Platz finden. Deshalb habe ich bei der Auswahl darauf geachtet, unterschiedliche Schwierigkeitsgrade, kurze und lange Routen, Sommer- und Wintertouren, breite Flachlandwege und schmale Bergpfade sowie die Vielfalt der verschiedenen Wanderregionen im Chiemgau und dem Berchtesgadener Land vorzustellen. Neben der oben beschriebenen Hundefreundlichkeit lag mein Fokus zudem auf einem wichtigen Motivationsfaktor für den Hundebesitzer: Schöne Almen und Gaststätten. Außerdem habe ich für beide, sofern dies durch Bergbahnen möglich ist, gelenkschonende Touren zusammengetragen. So findet in diesem

Wanderführer hoffentlich jedes Mensch-Hund-Gespann zahlreiche Anregungen für neue Ziele. Und ganz nebenbei: Die Lektüre enthält mit Sicherheit auch für Nichthundebesitzer interessante Informationen. Hintergrundwissen, Insidertipps und Wegecharakteristik gelten schließlich für alle gleich.

Hilfreich für alle sind zudem die GPS-Daten sowie das ausführliche Kartenmaterial. Nicht zu vergessen sind die Artikel über das Thema Ausrüstung, Sicherheit am Berg und besondere Aspekte beim Wandern mit Hund zu Anfang des Buches. Denn bevor es auf längere Touren geht, sollte man sich

Almut Otto und Salome

gut vorbereiten. Schließlich trägt der Hundebesitzer die Verantwortung für sich und seinen Vierbeiner.

Ein besonderer Dank gilt meinen Freunden Petra Albrecht, Michi Hartmann, Elisabeth Kövari, Rosi Paul, Andrea Rieder mit Rika, Raja Ritter sowie Andy, Ann-Kristin, Gabriele und Jonas Wille mit Fjäll. Sie haben mich auf meinen Touren begleitet und – als der Wanderführer aus gesundheitlichen Gründen meinerseits fast hätte verschoben werden müssen – mit ihrer Tatkraft unterstützt. So konnte das Buch ohne Verzögerung fertig gestellt werden, so, wie auch die anderen Wanderführer für Hunde „Fred & Otto unterwegs in Brandenburg" und „Fred & Otto unterwegs im Rheinland", die ebenfalls im Herbst 2014 erschienen. Persönlich freue ich mich zudem auf „Fred & Otto unterwegs in den Bayerischen Voralpen", welcher im Frühjahr 2015 erscheint. Hier gibt es hundefreundliche Touren vom Inntal bis Garmisch zu entdecken.

In diesem Sinne wünsche ich viel Spaß beim Schmökern und Wandern. Und vor allem: Kommen Sie wieder gesund heim.

Almut Otto mit Salome

Was zu beachten ist ...
Wandern mit Hund

Allgemeines

Wandern mit Hund: Ist das etwas anderes als der tägliche Spaziergang? Ja, auf jeden Fall! Die Touren sind länger und haben unterschiedliche Schwierigkeitsgrade. Abseits bekannter Spazierwege gelten oft andere Regeln. Bei Bergtouren sollte man sich der Gefahren im alpinen Gelände bewusst sein sowie eine entsprechende Ausrüstung besitzen. Zudem gibt es zusätzliche Aspekte für den Vierbeiner zu berücksichtigen. Schließlich trägt der Besitzer die Verantwortung für sich und seinen besten Freund. In diesem Kapitel sind alle wichtigen Informationen kurz und aussagekräftig zusammengefasst.

Daten und Fakten zum Wanderführer

Der Wanderführer richtet sich an Urlauber genauso wie Einheimische, die neue Routen entdecken möchten. Die meisten Touren sind Rundwanderungen, bei denen unterwegs eine hundefreundliche Einkehrmöglichkeit besteht. Auch wurde bei der Auswahl darauf geachtet, Touren in unterschiedlicher Länge, für verschiedene Jahreszeiten und mit unterschiedlichen Schwierigkeitsgraden vorzustellen: leicht, mittel und schwer. Natürlich entspricht diese Einstufung individuellem Empfinden. Wobei die Einteilung auf einen durchschnittlich geübten Wanderer mit seinem Hund abgestimmt ist. Leichte Wanderungen entsprechen breiten Forst- oder Wanderwegen ohne nennenswerte Anstiege. Mittelschwere Wanderungen sind anspruchsvoller. Hier können lange Wege, Steigungen, schmale Pfade und eventuell Geröll, übergroße Steine, rutschige Wurzeln und ausge-

Hunde freuen sich über viel Abwechslung beim Wandern

setzte, aber gesicherte Passagen das Wandern erschweren. Schwere Wanderungen sind steil, lang und beinhalten eventuell auch ausgesetzte Stellen mit Absturzgefahr. Hier sollte der Wanderer auf jeden Fall trainiert, trittsicher sowie schwindelfrei und – wie sein vierbeiniger Begleiter auch – bergerfahren sein. Gutes Wetter ist für diese Touren ebenfalls Voraussetzung.

Gehzeiten entsprechen der allgemein üblichen Berechnung: Bei flachen Strecken wurden 4 Kilometer beziehungsweise 300 Höhenmeter pro Stunde kalkuliert. Übrigens nicht wundern: Sofern offiziell gekennzeichnete Wege Zeitangaben haben, sind diese im Flachland oft übertrieben lang angegeben, während im Gebirge davon ausgegangen wird, dass hier nur geübte Wanderer unterwegs sind. Diese Zeitangaben sind realistische Werte.

Sämtliche Adressen, Preisangaben für Hotelübernachtungen sowie Öffnungszeiten von Gaststätten wurden im Sommer 2014 recherchiert. Am besten die ganzen Infos kurz vor der Wanderung mit einem Anruf vor Ort verifizieren.

Die Touren in dem Wanderführer sind in zwei verschiedene Regionen untergliedert: den Chiemgau und das Berchtesgadener Land. Zudem sind sie nummeriert und in den Übersichtskarten eingetragen. Detailbeschreibungen der Touren in diesem Buch wurden nach bestem Wissen und Gewissen recherchiert, wobei es durchaus möglich sein kann, dass Strecken aufgrund von Erdrutschen oder Sanierungsarbeiten geändert wurden.

Ein besonderer Service dieses Buches ist das Adressverzeichnis, welches übersichtlich strukturiert neben Touristeninformationen, Hotels und Gaststätten zudem Kontaktdaten von Tierärzten vor Ort enthält.

Wandern – gut geplant macht doppelt Spaß

Jeder, der einen Vierbeiner hat, ist täglich draußen unterwegs. Doch anders als der Alltagsspaziergang benötigt eine Wanderung etwas Vorbereitung. Wichtig ist dabei nicht nur die eigene Kondition, sondern auch die des Hundes richtig einzuschätzen. Entsprechend sollten dann Tourlänge, Schwierigkeitsgrad und Pausen darauf abgestimmt werden. Lange Wanderungen sind übrigens für Hundewelpen und Junghunde – je nach Rasse von 12 Monaten bis zu 2 Jahren – kranke sowie auch ältere Hunde nichts! Gleiches gilt für schwere und kurzbeinige Rassen oder untrainierte Hunde. Dementsprechend Tourlänge und Schwierigkeitsgrad am besten langsam steigern.

In diesem Buch sind alle wichtigen Informationen von der Anfahrt über die genaue Route inklusive GPS-Daten bis hin zu Verpflegungs- und Übernachtungsmöglichkeiten ent-

Welpen und Junghunde sollten noch keine großen Touren machen

halten. Nichtsdestotrotz macht es durchaus Sinn, sich beim Tourismusamt nochmals über eventuelle Änderungen und die Zugänglichkeit von Wegen nach starken Regengüssen (Erdrutschgefahr) zu erkundigen. Hier gibt es auch aktuelle Informationen über die Wetterprognosen und Schneeverhältnisse im Winter.

Wetter und Gewitter

Es schadet nichts, sich selbst ein wenig in das Thema Wetterkunde einzuarbeiten. Nicht nur, wenn die Wanderung in ein Gebirge führt, hilft es, schnelle Wetteränderungen erkennen und entsprechend agieren zu können. Erster Anhaltspunkt ist zum Beispiel die Himmelsfarbe. Hier gibt es zwei ganz einfache Sprüche, die sich jeder schnell merken kann: Romantisches Abendrot – Schönwetterbot. Morgenrot – Schlechtwetter droht.

Ein aufschlussreiches Bild über die Wetterentwicklung gibt die Wolkenformation. Einzelne, weit auseinandergezogene Zirrus- oder Federwolken weisen auf schönes Wetter hin. Falls sich diese jedoch verdichten und der Luftdruck fällt, ist mit Niederschlag zu rechnen. Achtung bei den sogenannten Ambosswolken (Cumunolimbuswolken): Hier ist mit einem schweren Unwetter zu rechnen. Luftdruck, Tierwelt und sogar

Pflanzen wie die Königskerze sind weitere Indizien für eine Wetterprognose. Doch eine genauere Ausführung führt an dieser Stelle zu weit. Trotz aller Vorsicht ist keiner davor gefeit, vom Gewitter überrascht zu werden. Wer zwischen Blitz und Donner nicht mehr langsam bis zehn zählen kann, sollte sich schleunigst in Sicherheit bringen. Ein Blitz schlägt meist in die höchste Erhebung, zum Beispiel einen Baum, ein. Hier kann die Spannung auf den Menschen überspringen. Zudem bergen herabfallende Äste ein großes Verletzungsrisiko. Dementsprechend gilt bei Gewitter der Spruch: „(Nicht nur) vor Eichen sollst du weichen." Als Wanderer sollte man auf jeden Fall das freie Feld verlassen, um nicht selbst die höchste Erhebung zu sein. Wer keine Chance mehr hat, Schutz zu suchen, hockt sich mit nah zueinanderstehenden Füßen – wobei jeder einzelne Wanderer gebührend Abstand zum Nächsten halten muss – auf den Boden. So gibt man eine möglichst kleine Angriffsfläche ab. Alle leitenden Gegenstände, wie zum Beispiel Wanderstöcke, werden dabei möglichst weit weg von Mensch und Tier platziert. Sollte man in Lebensgefahr geraten: Beim alpinen Notsignal wird sechsmal innerhalb einer Minute in regelmäßigen Abständen ein sicht- oder hörbares Zeichen abgegeben. Nach einer Minute wird dies wiederholt.

Die richtige Ausrüstung für den Menschen

„Am besten ist, wenn sich der Wanderer nach dem Mehrschichtensystem anzieht", erklärt Petra Thaller, Chefredakteurin und Herausgeberin der Mountains4U, dem interaktiven Tablet-Magazin für Bergsport- und Outdoor, „Das heißt, er trägt aufeinander abgestimmte Bekleidungsschichten aus Funktionswäsche, Wanderbekleidung, Wärmeschutz und Regenschutz. So wird es einem nie zu heiß oder zu kalt. Doch das Allerwichtigste beim Wandern sind gut eingelaufene, nicht zu kleine Wanderschuhe mit robuster Profilsohle." Wobei es laut der Outdoorspezialistin reine Geschmackssache ist, ob sich der Wanderer für leichte Trekkingschuhe oder Bergstiefel entscheidet. Nur solle er unbedingt auch auf funktionelle Socken achten, sonst sei die erste Blase bald vorprogrammiert. Und wer Knieprobleme hat, dem helfen ein paar praktische Teleskopwanderstöcke den Berg hinab.

Für Tageswanderungen reicht ein guter Rucksack von 20–35 Liter Volumen. Richtig gepackt, ist er beim Tragen kaum mehr zu spüren und schont zudem den Rücken. Dafür sollte der Schwerpunkt relativ hoch, dicht am Körper und möglichst in Schulterhöhe liegen – so zieht der Rucksack beim Tragen nicht nach hinten. Während kleine Utensilien in das Deckenfach kommen, ist das Hauptfach für Bekleidung und Proviant vorgesehen. Die Last wird vom Hüftgurt und nicht von den Schultergurten getragen. Letztere also nicht zu stramm ziehen.

In den Rucksack gehören auf jeden Fall 1–2 Liter Wasser, Proviant wie Müsliriegel, Traubenzucker und (Trocken-)Obst sowie eine Wanderkarte. Standard sollten zudem ein Erste-Hilfe-Set mit Rettungsdecke, Taschentücher und Sonnenschutz sein. Für Bergwanderungen empfiehlt sich auch im Sommer eine leichte Mütze und Handschuhe mitzunehmen. Im Winter kommen auch Grödel (leichte Steigeisen für Wanderschuhe) ins Gepäck. Bewährt haben sich als Zusatzgepäck zudem ein paar Ersatzsocken, Ersatzschnürsenkel, ein Multifunktionsmesser sowie eine Stirnlampe. Mittlerweile geht kaum jemand mehr ohne Mobiltelefon aus dem Haus. Damit es auch unterwegs zuverlässig funktioniert gibt es kleine, leichte Zusatzakkus, die den Handybetrieb nochmals um einiges verlängern. Fotofreunde packen zudem ihre Kamera ein. Pilz-, Kräuter- und Beerensammler haben eine Extra-Tasche für ihre Fundstücke im Gepäck.

Das braucht der Hund unterwegs

Während die klassische Leine mit Halsband durchaus im Flachland wandertauglich ist, sollte der Hund im Gebirge ein gut sitzendes, hochwertiges Fünfpunkt-Brustgeschirr tragen. Denn dieses dient bei Kletterpartien als sichere Tragehilfe. Und, der Vierbeiner wird nicht – sollte er wirklich einmal abrutschen – mit dem Halsband stranguliert. Als Verbindung zum Menschen ist dann entweder eine Flexileine oder eine spezielle Gummileine zu empfehlen. So schleift nichts auf dem Boden herum. Wer mit Wanderstöcken läuft, bindet sich zudem einen Hüftgurt für die Leine um oder befestigt diese per Karabinerhaken – mit entsprechender Notauslösung – am Gürtel. Ins Hundegepäck gehören ein faltbarer Napf sowie eine kleine Notfallapotheke, die neben den Standards für den Menschen zudem Watte, eine Zeckenzange sowie eine Maulschlinge enthält. Auch wenn man sich in der Natur befindet, sollte der Hundekot zum Beispiel auf (Alm-)Wiesen und überall da, wo sich Mensch oder Tier ernähren, hinstellen oder hinsetzen könnten, eingesammelt werden. Man mache sich dabei bewusst, dass, sofern der Kot auf den Wiesen liegen bleibt und von Kühen versehentlich verspeist wird, indirekt wieder in unserer Nahrungskette – zum Beispiel als Milch – auf dem Tisch landet. Abgesehen davon wird vermutet, dass Hundekot im Viehfutter (Gras/Heu) für Kälbersterben verantwortlich ist. Eine gut verschlossene Plastikbox bringt die befüllte

Mit einem sozialverträglichen Hund wandert man entspannter

Hundetüte sicher ins Tal.
Im Gegensatz zum Menschen braucht der Vierbeiner bei Tagestouren keine große Mahlzeit. Wasser, etwas Obst, Leckerlies o.ä. tun es auch. Gefressen wird entweder rechtzeitig – also mindestens 1,5 Stunden – vor der Wanderung sowie danach aufgrund des erhöhten Energiebedarfs gerne auch etwas mehr. Wer zwei leichte Mikrofaserhandtücher im Gepäck hat, kann einen nassen Hund vor dem Betreten des Gasthauses abtrocknen. Das zweite Tuch dient als Liegefläche für kalte Böden.
Sofern es der Hund gewohnt ist, könnte man ihm für steinige Passagen oder kalte Wintertage Pfotenschutzschuhe einpacken. Im Zweifelsfalle hilft vorab oder anschließend das Eincremen der Pfoten mit Melkfett oder ähnlichem.
Zu guter Letzt sollte der Hund auch eine zuverlässige Grunderziehung mitbringen. Befehle wie „Sitz", „Platz", „Stop" und „Bleib" sind Voraussetzung für ein entspanntes Wandern. Auch wenn man sich allein in der Natur befindet – spätestens im Gasthaus trifft man auf Menschen und eventuell andere Vierbeiner: Dementsprechend ist die Sozialverträglichkeit des Hundes äußerst hilfreich für Wanderungen.

Verantwortung für den Hund, die Natur und Mitmenschen

Als Mensch und Wanderer müssen wir für unseren vierbeinigen Begleiter mitdenken. Zwar ist der Hund mit natürlichem Allrad ausgestattet und sucht sich intuitiv immer den besten Weg, dem auch wir Menschen folgen können. Was er nicht weiß: An einem Grat können lose Steine ihn und seinen eventuell mit der Leine verbundenen Besitzer in die Tiefe reißen – hier also gebührend Abstand halten lassen. Unser treuer Begleiter macht in der Regel alles mit, was der Besitzer ihm vorgibt. Doch man bedenke bei langen oder auch Mehrtagestouren, dass der Hund normalerweise 17 bis 20 Stunden Ruhe am Tag benötigt. Dementsprechend also zwischendrin Pausen einplanen.
Steile Wege sind für Hunde in der Regel kein Problem, wobei zu viel davon bergrunter auf die Gelenke geht. Schwierigkeiten könnten sie aber an ausgesetzten Steigen, Gitterrosten oder Hängebrücken haben. Gerade ängstliche Tiere sollten auf solche Hindernisse langsam vorbereitet werden. Was der Mensch aufgrund der Wanderschuhe kaum merkt, ist für den Hund eine Tortur: scharfe, spitzkantige Steine und Dornen. Am besten die Ballen regelmäßig prüfen und bei Bedarf mit Melkfett o.ä. einreiben oder Pfotenschuhe tragen lassen.
Sollte man sich während der Wanderung verlaufen, auf jeden Fall zur letzten bekannten Wegmarkierung zurückkehren oder auf breiten Forstwegen (bergab) wandern.
Ein besonders heikles Thema ist die Kombination Hund und Kuh. Gerade im Frühjahr reagieren Mutterkühe sehr empfindlich auf unsere Vierbeiner. Ganz besonders schlimm ist es, wenn Hunde auch noch bellen oder eventuell hektisch herumlaufen. Deshalb gilt in der Regel auf Almwiesen das Anleingebot. Bei einem Angriff muss der Hund schnellstens abgeleint werden. Manfred Vitzthum vom Heutaler Hof in Unken, schlägt eine sicherere Alternative vor. „Der Hund sollte eigentlich bei Fuß gehen und nicht an der Leine. Wenn die Kühe auf den Menschen zulaufen, kann der Hund vom Herrchen weglaufen. Der Hund ist schneller als die Kuh, das Herrchen nicht. Und die Kuh hat auch nichts gegen Wanderer, sondern nur gegen Hunde. Auch sollte man auf den Weiden immer einen gescheiten Stock dabei haben. Und ich meine einen gescheiten! Einen, der groß genug ist, um der Kuh Respekt einzuflößen. Beim Angriff darf man auch nicht zögern, den Stock zu benutzen." Klingt logisch! Eine angriffslustige Kuh erkennt man übrigens am Schnauben, dann senkt sie den Kopf und prescht los. Wer von den tonnenschweren Tieren überrannt wird, hat kaum eine Chance, ungeschoren wegzukommen. Viele Angriffe dieser Art enden tödlich. Im Zweifelsfalle kann man natürlich die

Wanderungen außerhalb des Almbetriebes – dieser ist von Mai bis September – machen. Doch dann verpasst man viele schöne Erlebnisse wie blühende Wiesen oder frische Buttermilch.

Weitere Regeln für Almwiesen sind: Das Gatter immer schließen! Auch können Hunde nicht über die Weideroste laufen. Hier droht Verletzungsgefahr. Den Hund also außen herum laufen lassen oder tragen. Hundehinterlassenschaften unbedingt wegräumen und Hunde nicht in den Viehtränken baden lassen!

Hier kommen mehrere Tonnen Kühe angerannt – Wie gut, dass ein Zaun dazwischen ist

Neben Kühen gilt es unterwegs auch auf Wild zu achten. Dementsprechend den Hund in Rufnähe behalten! Denn auch der bravste Hund findet ein davonlaufendes Reh interessant. Man bedenke dabei: Ein wildernder Hund darf von Jägern erschossen werden!

Wer sich gerne in der Natur bewegt, dem liegt das Thema Naturschutz sicher auch am Herzen. Dementsprechend wandert der rücksichtsvolle Mensch in Naturschutzgebieten auf den markierten Wegen. So werden keine Anpflanzungen zerstört oder Bodenbrüter aufgeschreckt. Seltene Pflanzen dürfen zwar bestaunt, aber nicht abgepflückt werden. Und natürlich wird der eigene Müll mitgenommen und in der Zivilisation entsorgt.

An der Alm wie auch in Gaststätten, an Bauernhöfen und in Naturschutzgebieten muss der Hund angeleint sein. Alles andere ist purer Egoismus und wirkt dem wohlwollenden Miteinander von Hundefreunden und Nichthundebesitzern entgegen.

Zu guter Letzt sei noch daran erinnert, die eigens dafür vorgesehenen Wanderparkplätze zu benutzen. Wer an Wiesen- oder Waldrändern parkt, sollte sich im Klaren sein, dass er auf fremden Eigentum steht. Man stelle sich einmal vor, wie es ist, wenn fremde Autos im eigenen Vorgarten parken und hier den Boden zerstören! Gleiches gilt für das Wandern durch hohe Wiesen: Niemand möchte, dass die eigenen Anpflanzungen zerstört werden. Wiesen dienen der Futtergewinnung und abgeknickte Halme erschweren das Mähen.

Der Chiemgau

Ob Einheimischer oder Fremder: Wer von München Richtung Inntaldreieck fährt, wird spätestens an der Wallfahrtskirche Wilparting seine Blicke überwältigt schweifen lassen. „Willkommen im Paradies", hört man den ein oder anderen träumerisch murmeln. Denn vor dem Reisenden zeigt sich unvermittelt der Nordteil der östlichen Alpen in seiner ganzen Pracht. Sanft eingebettet in die hügelige Voralpenlandschaft, je nach Wetterlage mystisch in einen Nebelhauch gehüllt, erscheint die riesige Gebirgskette ab dem Irschenberg tatsächlich dem Himmel ganz nah. Von hier sind es nur noch wenige Kilometer in den wunderschönen Chiemgau. Kein Wunder, dass diese Region zu den beliebtesten Ferienlandschaften Bayerns zählt. Zahlreiche Seen, eine unvergleichliche schöne Natur und Berge, die an die 2000er Marke reichen, versprechen abwechslungsreiche Outdoorvergnügen. Wandern ist eines davon: Der Chiemgau hat eines der am besten ausgebauten Wandernetze von ganz Deutschland.

Und das Schönste: Hier gibt es für jeden Anspruch ein breit gefächertes Angebot. Leichte Sommerwege bieten sich im Winter als ideale Schneewanderungen an. Schroffe Bergfelsen mit schmalen Pfaden lassen sich auf der anderen Seite dank Gondelbahnen und breiter Forstwege auch von Ungeübten manchmal sogar bis zum Gipfel erklimmen. Seen, Flüsse und Wasserfälle laden zu erfrischenden Badetouren ein. Und nicht zuletzt locken an die 250 Almen und unzählige Gaststätten mit typisch bayerischen Schmankerln wie Kaiserschmarrn, Kaspressknödln, Wildgerichten und Schweinsbraten oder ganz einfach zu einer deftigen Brotzeit mit einem frischen Weißbier.

Wer den Chiemgau bereist, sollte zumindest einmal mit einem der Ausflugsschiffe über den drittgrößten See Deutschlands, den Chiemsee, zur Frauen- und Herreninsel gefahren sein. Hier lässt sich der Besucher eine fangfrische Chiemseerenke schmecken und vom romantischen Sonnenuntergang am bayerischen Meer verzaubern.

Die Landschaft des Chiemgaus wurde vor allem in der letzten Eiszeit geprägt: Trogtäler, Moränen, Seen und Moore bilden heute eine außerordentliche Vielfalt idyllischer Erholungsgebiete. Vor diesem Hintergrund gesehen, sind die Wanderungen an der Hemhofer Seenplatte, der Alz sowie der Kendlmühlfilzn auch gleichzeitig ein Ausflug in geologisch wertvolle Besonderheiten.

Nicht zu vergessen sind zudem die zahlreichen Berge des Chiemgaus, deren Entstehung vor etwa 140 Millionen Jahren begann und circa 60 Millionen Jahre dauerte. Dementsprechend setzen sich die unter anderem in diesem Buch erwanderten Berge Kampenwand, Hochplatte, Hochries, Hochgern, Hochfelln, Heuberg, Dürrnbachhorn, Geigelstein, Sonnenwendköpfl und Spitzstein aus unterschiedlichen Gesteinsschichten zusammen. Doch eines haben sie alle gemeinsam: Ein herrliches Panorama. Je nach Aussichtsgipfel sind die Zentralalpen, die Hohen Tauern, der Großglockner, der Großvenediger, der Wilde Kaiser, die Loferer Steinberge, die Berchtesgadener Alpen sowie das Alpenvorland mit dem Chiemsee bis hin zum Bayerischen Wald zu sehen. Übrigens gibt es eine schöne Eselsbrücke: Vom Chiemseeufer aus betrachtet stehen die auffällig konturierten Berge Hochfelln, Hochgern, Hochplatte und Kampenwand von Ost nach West alphabetisch in der Reihe.

Der Name Chiemgau stammt ursprünglich von einem kleinen Gebiet rund um Chieming. Es wurde erstmals Ende des 8. Jahrhunderts urkundlich erwähnt. Im Laufe der Jahrhunderte dehnte sich das Gebiet immer weiter aus. Heute reicht der Chiemgau jeweils circa 50 km in Nord-Süd- sowie West-Ost-Richtung des Chiemsees.

Wer sich für weitere Besonderheiten des Chiemgaus interessiert, sollte sich die Lektüre des Buches „111 Orte im Chiemgau, die man gesehen haben muss" (emons Verlag) gönnen – hier stehen selbst für Einheimische interessante Besonderheiten drin. Nähere Informationen gibt es für den Landkreis Rosenheim bei der Chiemsee-Alpenland Tourismus GmbH (www.chiemsee-alpenland.de) und für den Landkreis Traunstein beim Chiemsee Tourismus e.V. (www.chiemgau-tourismus.de).

TOUR 1

idyllische Seen – schattenspendende Föhren- und Mischwälder – herrliche Aussichten auf die Chiemgauer Berge

Naturoase Eggstätt-Hemhofer Seenplatte

Hundefreundlichkeit: Zwar muss der Hund im Naturschutzgebiet angeleint werden, doch immerhin: Außerhalb der Saison dürfen Vierbeiner in den Seen baden. Während der Vogelbrutsaison von Mai bis September ist Hundebaden jedoch ein absolutes No-Go! Dafür bietet aber der Wald den perfekten Sonnenschutz für eine angenehme Sommertour. Am Hartseestüberl gibt es eine eigene Doggystation. Hunde dürfen sogar mit ins Freibadgelände, aber nicht ins Wasser.

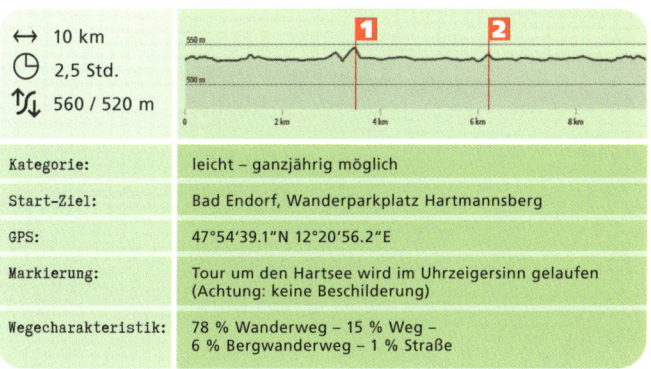

↔ 10 km
🕒 2,5 Std.
↕ 560 / 520 m

Kategorie:	leicht – ganzjährig möglich
Start-Ziel:	Bad Endorf, Wanderparkplatz Hartmannsberg
GPS:	47°54'39.1"N 12°20'56.2"E
Markierung:	Tour um den Hartsee wird im Uhrzeigersinn gelaufen (Achtung: keine Beschilderung)
Wegecharakteristik:	78 % Wanderweg – 15 % Weg – 6 % Bergwanderweg – 1 % Straße

Vom Wanderparkplatz Hartmannsberg führt der Weg zunächst durch eine Schranke gen Norden, zwischen dem Moränenwall Lemberg und einem Feuchtgebiet mit kleinen Wasserflächen am traumhaft schönen Kesselsee vorbei. An der zweiten Abzweigung geht es nach links auf einen unscheinbaren Weg durch den Mischwald. Nach 120 Metern führt die Strecke wieder auf den 7-Seen-Rundweg, dem man nach links folgt. Nach 220 Metern folgt eine Rechtskehre mit spitzem Winkel Richtung Hartsee. Für die nächsten 700 Meter geht es Richtung Osten bis man an eine T-Kreuzung gelangt, der man nach links folgt. Es geht nun – der Beschilderung „Hartseerundweg" folgend –

am westlichen Seeufer entlang. Der Weg führt zunächst über den Höhenberg und später – alle Abzweigungen ignorierend – über den 1 Achenberg (535 m) rund um den Hartsee. Wenige Meter nordöstlich des Achenberges lohnt ein kleiner Abstecher nach rechts (47°55'58.8"N 12°21'57.8"E): Nach einem kurzen Weg auf einem der schmalen, im Schilfgürtel gelegenen Stege, bietet sich ein ⊙ traumhafter Blick auf die Chiemgauer Berge, die durch den vorgelagerten Hartsee und die Eggstätter Kirche ein perfektes Fotomotiv darstellen. Zurück auf der Hauptstrecke führt der Hartseerundweg anschließend über eine Wiese und den Schilfbereich weiter bis auf die R O15. Hier hält man sich rechts. Mit herrlicher Bergkulisse geht es über eine Brücke und nach nur 500 Metern rechts auf einen ruhigen Fußweg Richtung 2 Hartsee-Stüberl

Frühjahrserwachen: Ein Igel verlässt sein Nest – Auf Rücksicht auf die Natur sollte der Hund nicht frei laufen.

Selbstgemachtes Holzschild am Wegesrand

(47°55'46.5"N 12°22'23.5"E). Hier lohnt eine Rast.
Nach der Einkehr geht es wieder zurück auf den Hartseerundweg, der nach knapp 1,5 Kilometern auf die Römerstraße trifft. Tatsächlich ist diese Etappe ein Teil von der heutigen „Via Julia", die die Römer einst auf ihren Wegen von Salzburg nach Günzburg nutzten. Von hier folgt man dem Weg etwa 200 Meter nach rechts in Richtung Stephanskirchen. Der Route weiter

Tipps

- Wer seine Wanderung verlängern möchte, sollte die Marienkapelle bei Gaben (47°55'34.7"N 12°20'34.4"E) und den Gedenkstein bei Stephanskirchen (47°55'19.9"N 12°20'27.7"E) anschauen.
- In den Sommermonaten bestechen die Seen durch ihre wunderschönen Seerosenteppiche. Mit viel Glück gibt es in dieser Zeit zudem seltene Schmetterlinge und an die 50 verschiedene Libellenarten wie die Moosjungfer oder Adonislibelle zu sehen.

TOUR 1

Eine schmale Holzbrücke führt über die Verbindung von Kautsee und Hartsee

folgend, gelangt man an der 4. Abzweigung auf den bekannten Weg, der wieder zurück zum Parkplatz Hartmannsberg führt.

Die Eggstätt-Hemhofer Seenplatte

Die Eggstätt-Hemhofer Seenplatte entstand vor etwa 15.000 Jahren. Aufgrund ihrer Entstehungsgeschichte gilt sie als Zeitzeuge der Würmeiszeit. Die Seen sind aus Toteislöchern – diese haben keinen Kontakt mehr zum sich bewegenden Gletscher – des Inn- und Chiemseegletschers entstanden. Rund um das Toteis floss wiederum die Ur-Prien und legte durch Kiesablagerungen die heutigen Wanderwege an. Die Landschaft von Eggstätt ist durch – aus Gletscherablagerungen entstandene – Moränenhügel geprägt. Noch heute spielt die Seenplatte eine große Rolle für den Wasserhaushalt in der Region. So ist sie verantwortlich für das Hangquellmoor bei Schafwaschen und – aufgrund ihres unterirdisch in den Chiemsee fließenden Wassers – auch dafür, dass dessen Uferbereich nicht zufriert. 1939 wurde die Eggstätt-Hemhofer Seenplatte mit ihren 17 Seen unterschiedlicher Größe als Naturschutzgebiet ausgewiesen. Sie gehört somit zu den ältesten und – mit 1023 Hektar – auch zu den größten Schutzgebieten Bayerns.

Info

🚊	mit der Bahn von München bis Bahnhof Bad Endorf, weiter mit RVO-Bus 9511 nach Hemhof (oder Eggstätt Kirche)
🅿	Kostenloser Wanderparkplatz Hartmannsberg (Für den gebührenpflichtigen Parkplatz Hartseestüberl gibt es kostenlose Parktickets in der Tourist Information Eggstätt)
🗺	Wanderkarte Chiemsee, Chiemgauer Alpen (UK 50-54), 1:50000 (Landesamt für Vermessung und Geoinformation Bayern)
🍴	Gasthof Hotel Unterwirt Kirchplatz 8 83125 Eggstätt www.unterwirt-eggstaett.de Mo. Ruhetag Hartsee-Stüberl Eggstätt Lehrer-Hager-Straße 6 83125 Eggstätt www.hartseestueberl.de Di. Ruhetag
⛔	Peterschmiedhof Natzing 3 83254 Eggstätt www.beim-peterschmied.de
ℹ	Tourist Information Bad Endorf Bahnhofsplatz 2 83093 Bad Endorf Tel.: 08053-300850 www.bad-endorf.de Tourist Information Eggstätt Obinger Straße 7 83125 Eggstätt Tel.: 08056-904619 www.eggstaett.de
✚	TÄ Deike Forstner Georg-Linner-Weg 11 83093 Bad Endorf Tel.: 08053-6030896 www.tierarzt-forstner.de

TOUR 2

Bayerisches Meer und Chiemgauer Alpen – Badespaß für Mensch und Hund – Schifffahrt: Gstadt – Chiemseeinseln – Prien

Chiemseeuferweg von Prien nach Gstadt

Hundefreundlichkeit: Zwar muss in den Schutzgebieten, in der Gemeinde Rimsting und an der kurzen Strecke über die Straße der Hund angeleint werden, doch insgesamt ist die Tour sehr hundefreundlich. Während der ganzen Wanderung bieten sich für den Vierbeiner immer wieder Bademöglichkeiten. Die Überfahrt per Schiff kostet für Hunde ab Kniehöhe 3 Euro, kleine Hunde fahren gratis. An sonnigen Wochenenden und in der Ferienzeit ist der Uferweg durch erholungssuchende Jogger, Radler und Wanderer hoch frequentiert. Hunde anleinen.

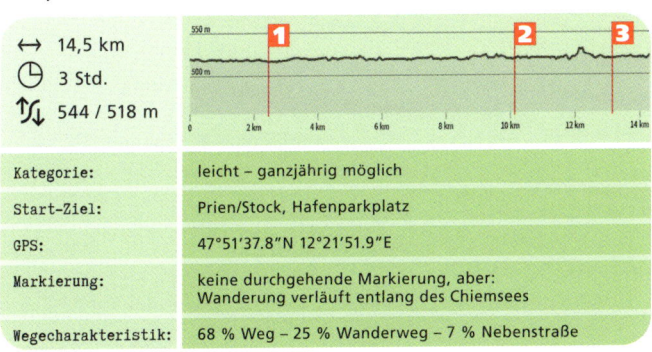

↔ 14,5 km
⏲ 3 Std.
↕ 544 / 518 m

Kategorie:	leicht – ganzjährig möglich
Start-Ziel:	Prien/Stock, Hafenparkplatz
GPS:	47°51′37.8″N 12°21′51.9″E
Markierung:	keine durchgehende Markierung, aber: Wanderung verläuft entlang des Chiemsees
Wegecharakteristik:	68 % Weg – 25 % Wanderweg – 7 % Nebenstraße

Vom Parkplatz in Prien/Stock führt der Wanderweg über die Gleise der historischen Dampflokbahn immer geradeaus an den See-Restaurants, dem Erlebnisbad Prienavera und der Stippelwerft entlang. Hinter der Werft geht es durch Feuchtwiesen und einen Auenwald über den Osternacher Graben bis Rimsting. Nach der mit mannshohen Schnitzereien verzierten Prienbrücke kommt rechts ein Bibergebiet, was nicht betreten werden darf.

Nach der Brücke geht es links bis zum **1** Kiosk in Rimsting. Da am örtlichen Strandbad Hunde verboten sind, gehen Hundewanderer nun links ein kleines Stück an der Prien entlang, an den Sportplätzen vorbei landeinwärts, um dann bei nächster Gelegenheit dem Abzweig nach rechts zu folgen. Sobald wieder direkter Blick auf die Schafwaschener Bucht ist, ❗ Hunde anleinen! Denn hier brüten Schwarzhalstaucher.

Danach verläuft der Wanderweg Richtung Norden über die Nebenstraße von Schafwaschen nach Gut Aiterbach. An der ST 2093 hält man sich rechts. Nach nur etwa 100 Metern biegt man erneut rechts auf den nördlichen Uferweg ein, der in einem großen Bogen an der Ortschaft Hochstätt – an der der heilige Koloman angelandet sein soll – vorbeiführt. Der Wanderweg führt weiter geradeaus, quert einen Parkplatz und die Privatstraße nach Sassau. Nun geht es bei der nächsten Gelegenheit rechts ab, am Ufer des Kailbacher Winkel entlang. Es folgen der Ort Kailbach und ein Strandbad. Schließlich kommt der kleine Ort Urfahrn („Überfahren"). Kurz hinter Urfahrn befindet sich die kürzeste Seeverbindung vom Festland nach Herrenchiemsee. Der kleine Abstecher – am Gedenkstein Ludwig II. vorbei – zur 2 Spitze der Landzunge (47°52'31.1"N 12°23'19.7"E) lohnt mit einer tollen Aussicht. Zurück auf dem Wanderweg wechseln sich Sportboothäfen und Badeplätze entlang des Weges ab. Am Schiffsanlegeplatz in Mühln geht es nochmals quer über die Straße. Nun wird es wieder ruhiger. Im schönen Fichten- und Buchenwald finden sich zudem kleine idyllische Trampelpfade, die immer wieder auf den Wanderweg nach Gstadt treffen. Lohnenswert ist eine kurze Rast am 3 Beobachtungsturm Ganszipfel. Hier kann man nicht nur

Das dem Schloss von Versailles nachempfundene Neue Schloss Herrenchiemsee

Werbung

FUNCTIONAL STUFF
www.annyx.de

Typische Sanduhrtechnik: Hier hat der Biber ganze Arbeit geleistet

unterschiedliche Vogelarten beobachten, sondern hat auch den schönsten Blick auf die drei Chiemseeinseln mit der Chiemgauer Alpenkette im Hintergrund. Von hier sind es noch circa 25 Minuten bis nach Gstadt. Prachtvolle Villen mit riesigen Gärten und eigenen Badestränden weisen auf die nahe Ortschaft hin. Kurz hinter dem Restaurant Inselblick ist das Ziel der Wanderung, der Schiffsanlegeplatz, erreicht. Die Überfahrt von Gstadt bis nach Prien dauert ohne Inselaufenthalt circa eine halbe Stunde.

Der Chiemsee

Der idyllisch im Chiemgau gelegene See – auch Bayerisches Meer genannt – entstand vor rund 10.000 Jahren. Dank seiner Nähe zu den Chiemgauer Bergen gehört das gesamte Gebiet zu den beliebtesten Urlaubszielen in Bayern. Bekannt ist der See vor allem durch die Fraueninsel mit ihrem im 8. Jahrhundert erbauten Kloster Frauenwörth, der Herreninsel mit dem teuersten Märchenschloss Ludwig II. sowie der unbewohnten Krautinsel. Von der ursprünglich 240 km² großen Fläche des Sees sind heute noch 79,9 km² geblieben. Trotzdem ist er der größte See Bayerns und der drittgrößte See Deutschlands. Die Tiroler Ache und die Prien speisen den See mit Wasser, während sich bei Seebruck der einzige Abfluss, die Alz, befindet. Der Chiemsee ist knapp 14 Kilometer lang, acht Kilometer breit und an der tiefsten Stelle 74 Meter tief.

Tipps

- Statt mit dem Bus vom oder zum Bahnhof Chiemsee zu fahren, die gelegentlich sogar dampfbetriebene Bockerlbahn nutzen.
- Sehenswürdigkeiten auf der Fraueninsel anschauen, frische Chiemseerenke essen und als Souvenir einzigartige Tonkunst der Inseltöpferei oder Wetterkerzen, Marzipan und Klosterlikör im Klosterladen kaufen.
- Das ruhigere Ambiente auf der Herreninsel genießen: Zum Neuen Schloss Herrenchiemsee spazieren, die Leutkirch St. Maria anschauen und im modern renovierten Schlosscafé bei einem Cappuccino die frischen Kuchen probieren.

Info

🚉	mit der Bahn von München bis Bahnhof Prien, weiter mit RVO-Bus 9586 bis Prien/Stock (Hafen)
🅿	Prien/Stock, Hafenparkplatz
🗺	Wanderkarte Chiemsee, Chiemgauer Alpen (UK 50-54), 1:50000 (Landesamt für Vermessung und Geoinformation Bayern)
🍴	Restaurant Inselblick Seeplatz 9 83257 Gstadt a.Chiemsee www.cafe-inselblick.de täglich geöffnet (Winteröffnungszeiten beachten)
🛏	Yachthotel Chiemsee Harrasser Strasse 49 83209 Prien a.Chiemsee www.yachthotel.de ÜN Hund: 13 Euro/Nacht
ℹ	Tourist Information Gstadt Seeplatz 5 83257 Gstadt a.Chiemsee Tel.: 08054-442 www.gstadt.de Priener Tourismus GmbH Alte Rathhausstraße 11 83209 Prien a.Chiemsee Tel.: 08051-69050 www.tourismus.prien.de www.chiemsee-inseln.de Chiemsee-Schifffahrt Seestraße 108 83209 Prien a.Chiemsee www.chiemsee-schifffahrt.de
✚	TÄ Dr. Ulrike Stahl Goethestraße 15 83209 Prien a.Chiemsee Tel.: 08051-61130

TOUR
3

Krokusblüte – Wallfahrtskirche Mariä Heimsuchung und Einsiedelei Kirchwald – Daffnerwaldalmen

Auf den Grasgipfel des Heubergs

Hundefreundlichkeit: Die schattige Tour bis zu den Daffnerwaldalmen ist auch für ungeübte Hunde zu meistern. Danach trennt sich die Spreu vom Weizen: Denn der Steig bergab vom Heuberggipfel nach Nußdorf ist trickreich, aber für bergerfahrene Vierbeiner kein Problem. Ungeübte Hunde sollten gesichert werden. Je nach Könnensstufe gibt es eine kurze Tragestelle. An den Daffnerwaldalmen sollten Hunde bei Viehbetrieb angeleint werden bzw. noch besser: bei Fuß gehen. Da der Forstweg von Schweibern aus bei Mountainbikern beliebt ist, möglichst die Steige nutzen.

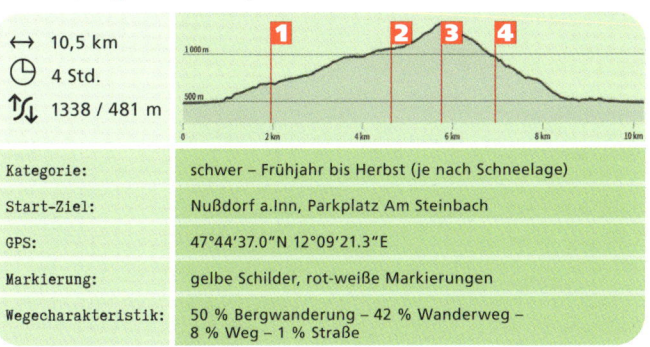

↔ 10,5 km
⏲ 4 Std.
⇅ 1338 / 481 m

Kategorie:	schwer – Frühjahr bis Herbst (je nach Schneelage)
Start-Ziel:	Nußdorf a.Inn, Parkplatz Am Steinbach
GPS:	47°44'37.0"N 12°09'21.3"E
Markierung:	gelbe Schilder, rot-weiße Markierungen
Wegecharakteristik:	50 % Bergwanderung – 42 % Wanderweg – 8 % Weg – 1 % Straße

Vom Parkplatz Am Steinbach geht es zunächst am gleichnamigen Bach entlang gen Osten. An der zweiten kleinen Brücke (47°44'28.8"N 12°09'53.5"E) der grünen Beschilderung nach rechts zum Kirchwald folgen und die Uferseite wechseln. Anschließend geht es an der T-Kreuzung (47°44'27.3"N 12°09'54.5"E) der Dorfstraße nach links, um nur wenige Meter dannach nochmals links (47°44'25.8"N 12°09'55.0"E) in den Heubergweg abzubiegen. Die nächste Abzweigung (47°44'23.4"N 12°09'59.1"E/Wanderweg 223) nach links nutzen und diesem – teilweise stufigen – Weg mit seinen schönen Tafeln der Rosenkranzgeheimnisse bis zur ❶ Einsiedelei Kirchwald (47°44'26.7"N 12°10'35.0"E) folgen. Um eventuellen Radlern auszuweichen, bei der zweiten Möglichkeit (47°44'22.2"N 12°11'09.9"E) rechts auf einen zunächst breiteren Steig abbiegen. Der Weg führt immer geradeaus, über einen kleinen

Zulauf zum Steinbach, dann kurzzeitig an einem weiteren Bachbett entlang. Nun ist er schon in einen schmalen Pfad übergegangen, der links (47°44′12.2″N 12°11′11.9″E) über den Bach führt. Es geht weiter steil bergauf bis zur nächsten T-Kreuzung. Die Wanderung zu den Daffnerwaldalmen zweigt hier links (47°44′03.7″N 12°11′17.8″E) ab und führt so lange geradeaus über den Steig, bis sie wieder auf die Forststraße (Wanderweg 223/224a) aus Nußdorf trifft. In den Kehren gibt es ab und zu nochmals die Möglichkeit auf Steige zu wechseln. Ansonsten folgt man der Straße bis zur sonnigen Lichtung der ❷ Daffnerwaldalmen (1050 m), von denen die Deindl-alm (47°43′45.6″N 12°11′39.5″E) und die Laglerhütte (47°43′41.0″N 12°11′37.6″E) bewirtschaftet sind. Nach einer ausgiebigen Rast – der schwierigste Teil der Wanderung ist noch zu stemmen – wählt man am besten den rechten (47°43′47.4″N 12°11′35.2″E), am Waldrand liegenden und weniger ausgewaschenen Steig Richtung Heuberggipfel (Wanderweg 224). Nichtsdestotrotz ist der Weg entlang der Ostabstürze der Wasserwand steil und anstrengend. Nach einem Waldstück wird es moderater und der sogenannte ❸ Grasgipfel (1338 m/47°43′33.1″N 12°11′04.6″E) ist über einen kurzen Wiesenweg erreicht.

Am Gipfelkreuz bietet sich eine fan-

Das Gipfelkreuz des Heubergs ist mit dem symbolträchtigen Alpen-Edelweiß drapiert

tastische Sicht auf das Wendelsteingebiet sowie das Inntal.
Von Heuberggipfel geht es nun gen Westen auf einem Pfad über den Gipfelrücken, kleine Kletterpartien inklusive. Dann führt der Weg nach ca. 600 Metern links (47°43'47.2"N 12°10'51.8"E) über einen steileren Steig zur nicht bewirtschafteten 4 Bichleralm (47°43'41.3"N 12°10'38.6"E). Achtung: Abzweigung nach Nußdorf nicht verpassen (47°43'38.0"N 12°10'32.1"E). Der Steig führt von hier durch den Wald zur Fahrstraße, der man nach rechts (47°43'47.0"N 12°10'18.7"E) folgt und bei der nächsten Möglichkeit wiederum rechts auf den Römerweg abbiegt. Nach etwas weniger als einem Kilometer geht es wieder zurück auf den Heubergweg. Jetzt verläuft der Weg über altbekannte Strecken am Bach entlang bis zum Parkplatz.

Der Heuberg

Fast wie eine Krone sind die vier Gipfel des Heubergs nebeneinander aufgereiht: Geübte Bergwanderer gehen von der Wasserwand (1367 m) über den Heuberggipfel (1338 m) zum Kitzstein (1398 m) und erklimmen auf dem Hin- oder Rückweg noch die Kindelwand (1228 m). Während das Heubergmassiv nach Westen steil abfällt, bietet es auf seiner Ostseite eine sanftere Almlandschaft mit fünf Hütten, von denen jedoch nur zwei bewirtschaftet sind.

Sanfte Almwiesen rund um die Daffnerwaldalmen auf 1050 Metern Höhe

Tipps

- Sehenswert ist Kirchwald, die einzige, noch bewohnte Einsiedelei Bayerns, sowie die 1719/20 gebaute Filial- und Wallfahrtskirche Mariä Heimsuchung. Das Quellwasser unterhalb der Kirche soll heilsame Wirkung haben. Hier also bei Bedarf die Trinkwasservorräte auffüllen.
- Besonders schön ist diese Tour, wenn man sie nach der Schneeschmelze im Frühjahr während der einwöchigen Krokusblüte durchführt: Dann sind die Almwiesen an den Daffnerwaldalmen in ein violett-weißes Blumenmeer getaucht. Für den an sich leichten Gipfelanstieg zum Heuberg ist Trittsicherheit und auf dem Rückweg ein wenig Schwindelfreiheit gefragt.

Info

🚌 mit der Bahn von München bis Bahnhof Rosenheim, weiter mit RVO-Bus 9490 bis Neubeuerer Straße

🅿 Nußdorf am Inn, Parkplatz Am Steinbach

🗺 Topografische Karte Chiemgauer Alpen West – Hochries, Geigelstein (DAV, BY 17)

🍴 Deindlalm
unterhalb Heuberggipfel
83131 Nußdorf a.Inn
www.deindlalm.de
Mai – Oktober geöffnet

Laglerhütte
unterhalb Heuberggipfel
83131 Nußdorf a.Inn
Tel.: 08032-8737
Mai – Oktober geöffnet
Mo. Ruhetag

🏨 Gasthof Schneiderwirt
Hauptstraße 8
83131 Nußdorf a.Inn
www.schneiderwirt.de
ÜN Hund: 5 Euro/Nacht

ℹ Tourist Information Nußdorf
Brannenburgerstraße 10
83131 Nußdorf a.Inn
Tel.: 08034-907920
www.nussdorf.de

➕ Tierarztpraxis Nußdorf
Dr. Julia Nevoigt
Brannenburger Straße 3a
83131 Nußdorf a.Inn
Tel.: 08034-7056148
www.tierarztpraxis-nussdorf.de

kunsthistorisch interessanter Vierkirchenrundweg –
traumhafte Bergkulisse – Naturlehrpfad

Durch bayerische Land-idylle zum Dandlberg

Hundefreundlichkeit: Insgesamt hat der Hund viel Gelegenheit zum freien Schnuppern und Baden. An den Wegen rund um die bayerischen Dörfer sind immer wieder Hundetütenspender zu finden. Zwar können in die Dandlbergalm aus Platzgründen keine Hunde mitgenommen werden, doch draußen auf der Sonnenterasse sind sie herzlich willkommen. Je nach Abrufbereitschaft muss der Hund gelegentlich angeleint werden, da der Weg über Straßen führt.

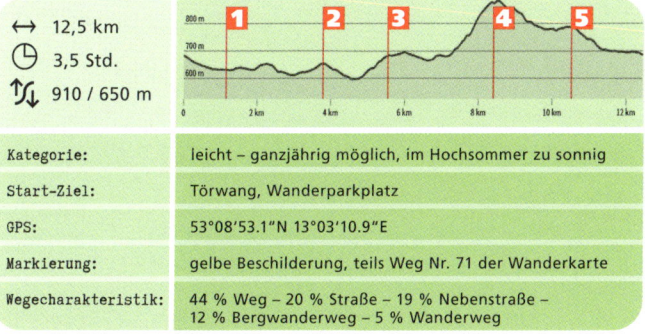

↔ 12,5 km
🕓 3,5 Std.
↕ 910 / 650 m

Kategorie:	leicht – ganzjährig möglich, im Hochsommer zu sonnig
Start-Ziel:	Törwang, Wanderparkplatz
GPS:	53°08'53.1"N 13°03'10.9"E
Markierung:	gelbe Beschilderung, teils Weg Nr. 71 der Wanderkarte
Wegecharakteristik:	44 % Weg – 20 % Straße – 19 % Nebenstraße – 12 % Bergwanderweg – 5 % Wanderweg

Vom Wanderparkplatz Törwang geht es quer in Richtung Süden über die R 09 zu dem gegenüber liegenden Feldweg. Nach wenigen hundert Metern trifft der Weg auf den gut beschilderten Filzenrundweg (Moorrundweg). Diesen in linker Richtung folgend führt die Route bald bis zu dem auch „Achen" genannten Steinbach. Hinter dem Bach hält man sich rechts. Nun geht es für die nächsten etwa 30 Minuten auf dem Naturlehrpfad entlang der Flussaue. Eine

1 Wassertretanlage sowie Infoschilder zur Natur sorgen für kurzweilige Unterhaltung.
An einer kleinen, geteerten Straße führt der Wanderweg etwa 150 Meter rechts in Richtung Eßbaum. Schon bei nächster Gelegenheit biegt man jedoch nach links ab (Weg Nr.52). Hier verläuft der Weg für knapp 800 Meter durch einen märchenhaft schönen Buchen- und Fichtenmischwald. An der nächsten Kreuzung folgt man dem Wanderweg

TOUR 4

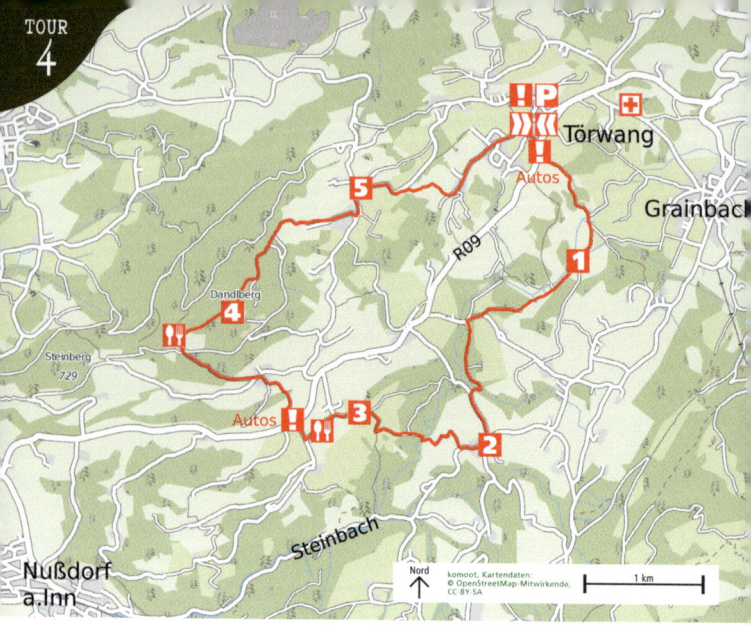

nun nach links. Weiter der Straße entlang, geht es durch die beschauliche Ortschaft 2 Holzmann, wo das Jägerhäusl eine gute Gelegenheit zur Einkehr bietet. Kurz nach der Siedlung führt der Weg nach rechts über eine Wiese in Richtung Wald (Weg Nr. 60). Hier trifft man nach einem halben Kilometer wieder auf den Steinbach, an dem Hunde baden können. Ein kleiner Pfad, durch einen Wald und über eine Hangweide, führt dann wieder bergauf.
An einer T-Kreuzung geht es rechts in Richtung 3 Friesing. Hier lädt eine, verlockend unter einer schattenspendenden Linde stehende, Parkbank (47°45'26.8"N 12°11'37.6"E) zu einer kurzen Rast ein. Der Weg führt weiter nach links in den Ort hinein. In Friesing geht es an der ersten Möglichkeit nach rechts und nach ca. 25 Metern wieder nach links zum Badwirt. Danach endet der Wanderweg an einer weiteren Kreuzung, an der rechterhand der Turm der St. Bartholomäuskirche, der ältesten Kirche des Samerbergs (47°45'22.0"N 12°11'04.9"E), schon von weitem den Weg zum Dandlberg weist. Noch einmal muss die ⚠ R 09 überquert werden. Von hier führt ein ansteigender Feldweg Richtung Schilding, und auch der Dandlbergweg ist nicht mehr zu verfehlen: Große Schilder weisen nach links auf das 773 Meter hoch gelegene Gasthaus hin. Der Asphaltweg führt durch einen steilen

Die malerische gelegene Kirche St. Peter und Paul gilt als schönst gelegene im Landkreis Rosenheim

Wald bergauf, bis er den Blick auf die Sonnenterrasse der Alm freigibt.
Von hier gibt es einen wunderschönen Ausblick über das Inntal bis hin zum Wendelstein (1838 m) und das benachbarte Wildparjoch (1720 m). Nach der Rast ist dann das steilste und schwierigste Stück, der 4 Dandlberggipfel, zu meistern. Rechts neben der Alm führt ein Wirtschaftsweg zu einem Sendemast. Von hier führt ein kleiner Steig nach rechts über den wurzeligen Höhenweg zum bewaldeten Dandlberggipfel (910 m/47°46'08.9"N 12°10'43.8"E). Leider kann man von hier aufgrund der vielen Fichten und Buchen keine Rundumsicht genießen.

Auf der anderen Seite des Bergrückens geht es wieder steil bergab bis zu einer Forstpiste. Ein angenehmes Gefälle führt einen zunächst nach links über den Forstweg und dann über einen asphaltierten Weg immer geradeaus bis nach Dorfen. In Dorfen geht es zunächst nach rechts und dann sofort wieder links auf die Samerberger Höhenstraße bis zu der herrlich gelegenen 5 Kirche St. Peter und Paul. Diese wird im Halbkreis umrundet. Der Höhenstraße weiter in Richtung Obereck folgend, führt nach ca. 300 Metern rechts ein kleiner Steig abwärts durch einen schönen Buchenwald über Weickersing bis zum Ortsteil Geisenkam. Dem Birkenweg folgt man bis

Auf dem Filzenrundweg gibt es für Mensch und Tier reichlich zu entdecken

zur Straße Am Anger. Mit Blick auf die Hochries schlängelt sich der Weg dann in Richtung Südosten durch Törwang zurück zum Wanderparkplatz.

Samerberg

Die urbayerische Gemeinde Samerberg – übrigens u. a. ein Zusammenschluss der Orte Grainbach, Roßholzen, Steinkirchen und Törwang – ist ein einzigartiges Wanderparadies. Das Hochtal liegt auf etwa 600 Metern und reicht bis zur Hochries auf 1569 Meter. Gerade im Sommer und Herbst darf sich der Wanderer auf ein leuchtendes Blumenmeer aus Orchideen, Enzianen und Primeln freuen. Das Wort Samer kommt übrigens von den mit Salz und Getreide handelnden Samern, auch Saumer genannt, die auf ihren Handelswegen – den Saumpfaden – über die Alpen zogen.

Tipps

- Sehenswert in Törwang ist die Lüftlmalerei des Schusterhäusls aus dem 18. Jh. Wer noch Zeit und Muße hat, besucht die Pfarrkirche Mariä Himmelfahrt in Törwang, die Sankt Ägidus und Nikolaus Kirche in Grainbach oder verlängert über Obereck und geht an der Aussichtskapelle mit der 1881 zu Ehren des 70. Geburtstags des Prinzregenten gepflanzten Luitpoldeiche vorbei.
- Im Hochsommer ist der größtenteils sonnige Weg nicht zu empfehlen.

Info

🏥	mit der Bahn von München bis Bahnhof Rosenheim, weiter mit RVO-Bus 9493 bis Törwang (Kirche) alternativ: Wanderbus vom Bahnhof Rosenheim in Richtung Samerberg (Mai – Oktober)
🅿	Törwang, Wanderparkplatz (2 Euro)
🗺	Wanderkarte Hochries, 1:25000 (Kartografischer Verlag Huber und Steurer GBR)
🍴	Badwirt Roßholzen Rossholzen 20 83122 Samerberg Tel.: 08032-9894889 Mi. Ruhetag Gasthof Dandlbergalm Dandlberg 1 83122 Samerberg www.dandlbergalm Mo./Di. Ruhetag
🛏	Landgasthof Goldener Pflug Humprehtstraße 1 83112 Frasdorf-Umrathshausen www.goldener-pflug-chiemsee.de ÜN Hund: 8 Euro/Nacht
ℹ	Tourist Information Törwang Dorfplatz 3 83122 Samerberg Tel.: 08032-86 06 www.samerberg.de
✚	Tierarztpraxis Samerberg Dr. Annegret Wagner Samerstraße 53 83122 Samerberg Tel.: 08032-989558 www.tierarzt-samerberg.de

TOUR
5

Panoramaberg – abwechslungsreiche Pfade und Wege – Gondelfahrt

Erlebnisberg Hochries

Hundefreundlichkeit: Eine schöne Hundebergtour, bei der Kondition und Trittsicherheit des Vierbeiners trainiert werden. Nur am Anfang sind Bäche zu finden – also genügend Wasser mitnehmen. Im oberen Teil ist die Tour der Sonne ausgesetzt. Es geht über Kuhweiden: Hunde sollten also angeleint sein bzw. bei Fuß gehen. Die Hüttenwirte sind sehr freundlich, so lange sich die Vierbeiner zu benehmen wissen. Hunde dürfen, sofern sie das können, auch im Sessellift mitfahren. Die Gondelfahrt ist für sie kostenlos.

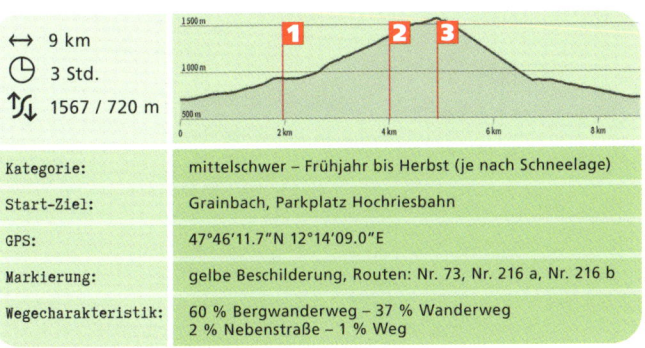

↔ 9 km
⏲ 3 Std.
↕ 1567 / 720 m

Kategorie:	mittelschwer – Frühjahr bis Herbst (je nach Schneelage)
Start-Ziel:	Grainbach, Parkplatz Hochriesbahn
GPS:	47°46'11.7"N 12°14'09.0"E
Markierung:	gelbe Beschilderung, Routen: Nr. 73, Nr. 216 a, Nr. 216 b
Wegecharakteristik:	60 % Bergwanderweg – 37 % Wanderweg 2 % Nebenstraße – 1 % Weg

Vom Parkplatz geht es rechts Richtung Bikeparkcenter und gleich wieder rechts auf die asphaltierte Bergstraße Richtung Moserbodenalm (Wege 72-78). Achtung: Auf der Asphaltstraße könnten Downhillfahrer des Bikeparks den Weg kreuzen. Doch schon nach ca. 500 Metern führt ein Almweg nach rechts (47°46'01.1"N 12°14'15.7"E) Richtung Pallauf-Alm. Es geht über einen Zaun, weglos über eine Wiese und wieder über einen Zaun bis zum Wald. Ab jetzt heißt es nur noch geradeaus und bergauf laufen. Doch der Hohlweg durch den Wald ist steil und steinig und fordert etwas Kondition. An einer T-Kreuzung (47°45'32,0"N 12°14'0,1.8"E) dem Weg nach links weiter bergauf folgen bis er auf den Forstweg Richtung Moserbodenalm trifft. Dieser führt nach rechts, wo kurz darauf der liebevoll gestaltete Garten der **1** Moserbodenalm zur ersten Rast lädt. Danach geht es, dem Weg 216 b

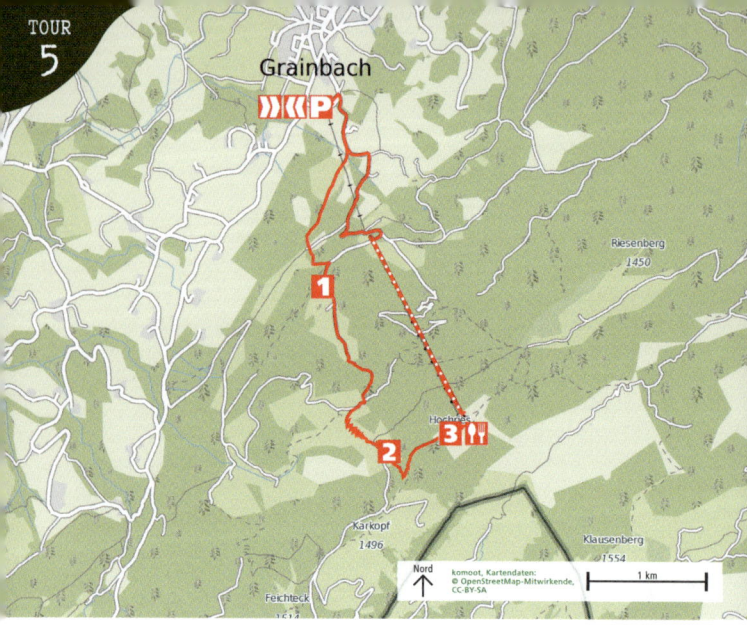

folgend, zunächst gemütlich über eine Sumpf- und Almhochfläche bis zum Fuße der Hochries. In der Linkskurve führt der Weg nun auf einen steilen und steinigen Steig mit roten Punkten als Markierung. Diesem solange bergauf folgen, bis er an einer T-Kreuzung auf einen breiten Almweg trifft. Nun geht es kurzzeitig nach rechts und in einer Linkskurve über einen Steig Richtung Hochries. Unzählige Serpentinen führen zu den nicht bewirtschaften 2 Seitenalmen bergauf. Circa 50 Meter nach der letzten Alm biegt links ein Steig auf den Westgrad der Hochries und von hier wiederum links über einen nun leicht begehbaren Weg zum 3 Hochriesgipfel und der DAV-Hütte. Die schwierigste Passage ist nun geschafft und Wanderer sowie Vierbeiner haben sich ihre Pause wohlverdient.

Für den gelenkschonenden Rückweg empfiehlt sich zunächst die Fahrt mit der Gondel bis zur Mittelstation. Geübte Hunde dürfen mit dem Sessellift an der Mittelstation auch ganz hinunter fahren. Ansonsten heißt es über die Teerstraße hinunter ins Tal wandern.

Die Hochries

Die Hochries – Einheimische betonen übrigens die zweite Silbe – gehört mit zu den bekannteren Bergen des Chiemgaus und ist, dank ihrer schnellen Erreichbarkeit und dem re-

An der Hochries ist ein beliebter Bikepark: Rauf geht´s per Sessellift und runter mit dem Bike

lativ einfachen Aufstieg, ein beliebtes Ausflugsziel. Vom Gipfel hat man bei gutem Wetter einen hervorragenden Rundumblick über den Landkreis Rosenheim, den Simssee und Chiemsee, das Inntal und die umliegenden Berge wie die Kampenwand, den Hochgern, den Spitzstein, das Kaisergebirge mit Goinger Halt, Kufstein mit Pendling, den Heuberg, Wendelstein bis hin zum Großglockner und die Gletscher der Zentralalpen.

Tipp

Viele Wege führen auf die Hochries. Beliebt ist die kurze Wanderung ab Spatenau oder eine Wanderung zur idyllischen Kräuterwiese. Von Aschau geht es über die Hofalm, wobei vorher für die Rückfahrt am besten ein zweites Auto in Grainbach geparkt wurde.

Info

🚍 mit der Bahn von München bis Bahnhof Rosenheim, weiter mit RVO-Bus 9493 bis Grainbach/Samerberg
alternativ: Wanderbus vom Bahnhof Rosenheim in Richtung Samerberg (Mai – Oktober)

🅿 Parkplatz Hochriesbahn in Grainbach (2 Euro)

🗺 Topografische Karte Chiemgauer Alpen West – Hochries, Geigelstein (DAV, BY 17)

Wanderkarte Hochries, 1:25000 (Kartografischer Verlag Huber und Steurer GBR)

🍴 Hochriesgipfelhaus
Hochriesstraße 80
83122 Samerberg
www.hochrieshuette.de
täglich geöffnet

Moserbodenalm
L.v. Taeuffenbach
83122 Samerberg
Tel.: 0871-66264
Juni – September täglich geöffnet

🚫 Gasthof Hochries
Hauptstraße 3
83112 Frasdorf
www.gasthofhochries-frasdorf.de
Hunde sind hier willkommen und übernachten kostenlos

ℹ Tourist Information Törwang
Dorfplatz 3
83122 Samerberg
Tel.: 08032-8606
www.samerberg.de
www.hochriesbahn.de

➕ Tierarztprais Samerberg
Dr. Annegret Wagner
Samerstraße 53
83122 Samerberg
Tel.: 08032-989558
www.tierarzt-samerberg.de

Kreuzweg zur Abendmahlkapelle – traumhafter Bärnsee–, Chiemsee–, Kampenwandblick – Trainingsrunde für Bergtouren

Rund um den Haindorfer Berg

Hundefreundlichkeit: Dank der ausgewogenen Mischung aus Steig und Forstweg eignet sich die Tour sehr gut als Einstiegswanderung für bergungeübte Vierbeiner und Trainingsroute für größere Bergtouren. Der wasserreiche Haindorfer Berg mit seinen vielen Quellen bietet immer wieder Erfrischungspausen an. Die größtenteils schattige Tour ist auch im Sommer gut zu gehen. Auf den Almwiesen und an den Bauernhöfen sollten Hunde angeleint werden bzw. bei Fuß gehen. Bitte auch unbedingt den Hund an der Maisalm anleinen. Auf den breiten Forstwegen Richtung Kampenwand und Steinlingalm sind oft Radler mit hohem Tempo unterwegs. Hier vorausschauend den Hund in Rufbereitschaft halten. Ein Hundetütenspender befindet sich am Wanderparkplatz.

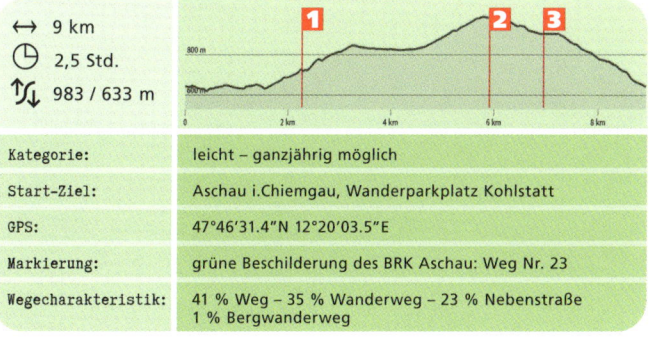

↔ 9 km	
⏲ 2,5 Std.	
↕ 983 / 633 m	
Kategorie:	leicht – ganzjährig möglich
Start-Ziel:	Aschau i.Chiemgau, Wanderparkplatz Kohlstatt
GPS:	47°46′31.4″N 12°20′03.5″E
Markierung:	grüne Beschilderung des BRK Aschau: Weg Nr. 23
Wegecharakteristik:	41 % Weg – 35 % Wanderweg – 23 % Nebenstraße 1 % Bergwanderweg

Ab dem Wanderparkplatz Kohlstatt geht es gen Norden direkt auf den Haindorfer Waldweg. Der Weg führt zunächst an einem kleinen Bach entlang, der kurz darauf überquert wird. Nach nur 500 Metern bringt rechts ein kleiner Steig etwas Abwechslung auf den Weg zur Abendmahlkapelle. Diesen immer geradeaus bis zum Waldrand folgen. Hier trifft er wieder mit dem breiteren Wanderweg zusammen. Nun geht es am Waldrand rechts leicht bergauf, über eine Holzbrücke, dann ein kurzes Stück bergab und wieder bergauf. Hier beginnt der Kreuzweg bis zur **1** Abendmahlkapelle (47°47′27.1″N 12°20′51.4″E). Sie

liegt nur ein paar hundert Meter rechts vom Weg auf 761 Meter Höhe. Neben dem Moment der Stille, den man hier genießen kann, lohnt sich der Abstecher auch schon allein durch den traumhaften Blick auf den Bärnsee.
Die Wanderung führt an der Wegkreuzung dann weiter in Richtung Osten, den Berg hinauf über die Weiler Vordergschwendt und Hintergschwendt. Hier bietet der Gschwendtner Hof die erste Einkehrmöglichkeit. Es geht weiter zur nächsten T-Kreuzung, an der sich rechts Richtung Sameralm, Maisalm und Aschau (grünes Schild) gehalten wird. Am Wanderparkplatz Aigen biegt der Weg Richtung Maisalm und Sameralm nach rechts ab und führt in gemäßigter Steigung über einen breiten Almwirtschaftsweg zum sogenannten Stachus, einer größeren Kreuzung von Wirtschaftswegen. Um die schöne Aussicht an der urigen, leider nicht mehr bewirtschafteten **2** Sameralm genießen zu können, wandert man nun nach rechts über einen Fahrweg ca. 500 Meter den Berg hinauf. Die Mühe von 40 Höhenmetern wird mit einer traumhaften Sicht auf den Chiemsee, die Gedererwand und die Kampenwand belohnt. **!** Achtung Weidevieh: Hunde anleinen!
Wieder am Stachus angekommen führt die Tour in Richtung Wes-

Auf den Steigen des Haindorfer Berges kann Bergtauglichkeit geübt werden

Die Wallfahrtskirche zum heiligen Abendmahl ist durchgängig geöffnet

ten den Berg hinunter zur 3 Maisalm, die entweder über einen kleinen Steig über die Wiese oder über einen Fahrweg zu erreichen ist. Hier sollte man unbedingt einen von der Pächterin täglich selbstgebackenen Kuchen probieren!
Nach der Stärkung geht es zurück auf den Hauptweg und für 2,3 Kilometer über die Asphaltstraße bergab in Richtung Westen bis zum Parkplatz, dem Ausgangspunkt der Tour.

Abendmahlkapelle

Die Ursprünge des Wallfahrtskirchleins zum heiligen Abendmahl reichen in das Jahr 1640, als stets ein Abendmahlbild an einem Baum zu finden war. Später errichtete ein Schlossergeselle als Dank für seine Genesung eine kleine Kapelle aus Holz und Rinde an der bekannten Stelle. Das heute errichtete Kirchlein stammt aus dem Jahre 1822. Schön ist, dass diese Kapelle stets offensteht.

Bergtraining

Als hervorragendes Konditionstraining im Frühjahr – bevor die Kälbinnen, (junge Mutterkühe) auf der Weide sind – bietet sich eine Rundtour über die Steige auf den Haindorfer Berg an. Die wichtigsten Eckpunkte sind: Vom Parkplatz Kohlstattweg über die asphaltierte Straße Richtung Maisalm. Bei der ersten Möglichkeit auf den Hohlweg nach links biegen. Und hier nun den zweiten erkennbaren Steig nach links nehmen und in Serpentinen dem Weg bis zu einer Kreuzung (kurz vorher stehen ein paar mit Ästen gebaute Tipis) folgen. Der Weg führt weiter geradeaus. Augen aufhalten: Kaum merkbar führt nach etwa 400 Metern ein Steig nach rechts ab, der auf einen Forstweg trifft. Diesen geht es nun für ca. 300 Meter rechts entlang, bis ein Steig nach links den Berg hinauf führt. Nach 300 Metern kommt wieder eine kleine Kreuzung. Der Weg auf den Haindorfer Berg geht rechts ab. Doch es lohnt sich, ein paar Schritte weiter geradeaus zu gehen und vom Bankerl den Blick auf Aschau zu genießen. Von hier wieder zurück zur Abzweigung und nun links hinauf gehen. Oben angekommen, geht´s vom Haindorfer Berg weglos bis zur Sameralm und von hier in bekannter Weise bis zur Maisalm. Doch statt den Asphaltweg zu nutzen, lockt ein Pfad gen Westen über die Almwiesen bis zum Zaun am Waldrand. Diesem so lange bergab folgen, bis der Überstieg auf den Pfad zu sehen ist. Nun geht es weiter bergab. Der Pfad geht in eine Forststraße über. An der an der nächsten Kreuzung einfach geradeaus weiter gehen, bis wieder die Kreuzung mit den Tipis zu sehen ist. Nun führt der Steig in altbekannter Weise links zurück zum Parkplatz.

Die Maisalm liegt in einem wunderschönen Hochtal auf 905 Metern Höhe

Info

H mit der Bahn von München bis zum Bahnhof Prien, weiter mit der RB 27633 bis Aschau

P Aschau i.Chiemgau, kostenloser Wanderparkplatz Kohlstatt

🗺 Topografische Karte Chiemgauer Alpen West – Hochries, Geigelstein (DAV, BY 17)

🍴 Maisalm
Bergseite Ost
83029 Aschau i.Chiemgau
www.mais-alm.de
Mo. Ruhetag (im Winter nur an den Wochenenden geöffnet)

🛏 Seiserhof & Seiseralm
Reit 4-5
83233 Bernau a.Chiemsee
www.seiserhof.de
täglich geöffnet
ÜN Hund: 6 Euro/Nacht

Ferienwohnungen Aschau
Ahornweg 8
83229 Aschau i.Chiemgau
www.ferienwohnungen-aschau.de
ÜN Hund: 2,50 Euro/Nacht

Ferienwohnungen Schmidt
Bucha 20
83229 Aschau i.Chiemgau
Tel.: 08052-9231
ÜN Hunde auf Anfrage:
4 Euro/Nacht

i Tourist Information
Kampenwandstraße 38
83229 Aschau i.Chiemgau
Tel.: 08052-904937
Fax: 08052-904945
Mail: info@aschau.de
www.aschau.de

✚ TA Michael Pohl
Gedererstraße 12
83233 Bernau a.Chiemsee
Tel.: 08051-9614808

TOUR
7

markante Felsformationen – traumhafte Ausblicke – vielfältiger Almgenuss

Auf die legendäre Kampenwand

Hundefreundlichkeit: Zwar sind auf dem Reitweg Radler unterwegs, doch da die Wanderung auch über Steige führt, hat der Vierbeiner genügend Auslauf. Unterwegs finden sich im bewaldeten Teil der Strecke viele Wasserstellen. Auf den Almen ist der angeleinte Hund immer herzlich willkommen. Bis zum Liftstüberl ist der Weg meist schattig, danach sind Hund und Mensch der Sonne ausgesetzt.

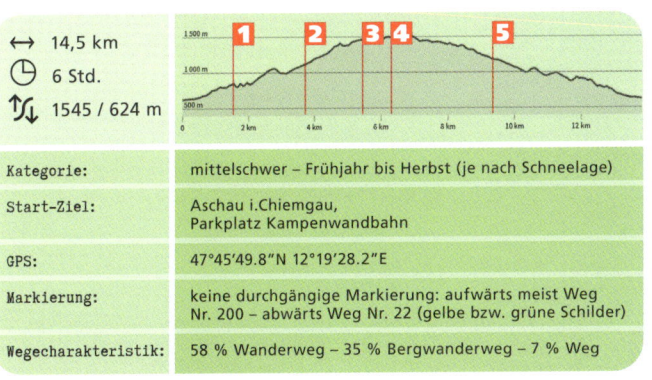

↔ 14,5 km
⏱ 6 Std.
↕ 1545 / 624 m

Kategorie:	mittelschwer – Frühjahr bis Herbst (je nach Schneelage)
Start-Ziel:	Aschau i.Chiemgau, Parkplatz Kampenwandbahn
GPS:	47°45'49.8"N 12°19'28.2"E
Markierung:	keine durchgängige Markierung: aufwärts meist Weg Nr. 200 – abwärts Weg Nr. 22 (gelbe bzw. grüne Schilder)
Wegecharakteristik:	58 % Wanderweg – 35 % Bergwanderweg – 7 % Weg

Vom Parkplatz Kampenwandbahn geht es zunächst rechts auf die Straße Am Hofbichl, vorbei am Gedenkstein für Freiherr Dr. Theodor von Cramer-Klett und der Bergwacht. Dem Weg (Nr. 200) über die Skipiste so lange folgen, bis er, kurz nachdem die Seilbahn gequert wurde, nach links über eine neu errichtete Brücke auf den Reitweg führt. Eine weitere Brücke führt über den **1** Fuchsluger Bach, wo ein idyllischer Wasserfall zur ersten Fotopause lädt. An der nächsten Kreuzung wechselt die Tour vom Reitweg nach rechts auf den Ziehweg (Nr. 2), der bei nächster Gelegenheit an einer T-Kreuzung links an der Geißstiegwand vorbei den Berg hinauf führt. Nach dem etwas versteckt liegenden Lifthäuschen des Sessellifts sind es noch ca. 400 Meter bis zur nächsten T-Kreuzung. Hier stößt der Ziehweg wieder auf den Wanderweg 200.

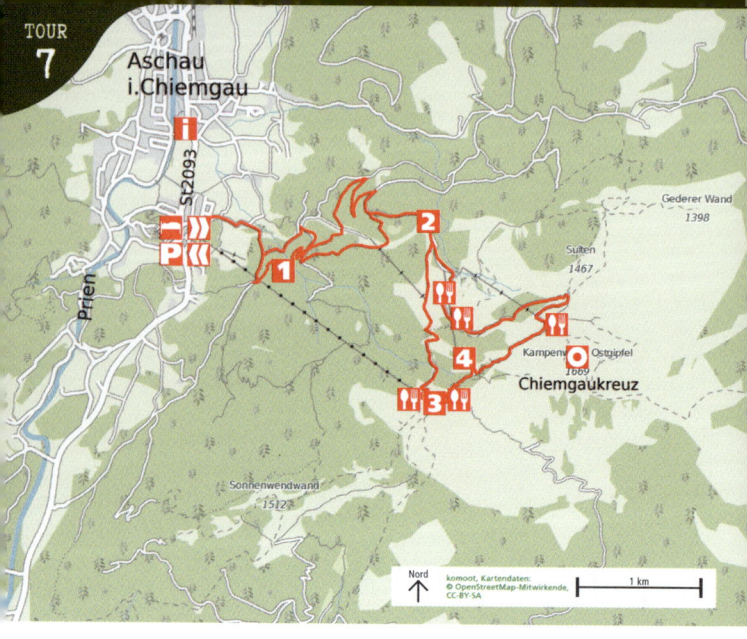

Diesen nach rechts, weiter bergauf folgen. Ab der 2 Schlechtenberger Kapelle „Bei unserer lieben Frau" geht es nun steiler bergauf bis nach knapp 200 Metern rechts ein kleiner Steig (Skiabfahrt Nr. 2) bergauf über die Skipiste führt. Diesem Steig unbeirrt – auch wenn er manchmal etwas weglos erscheint – gen Süden Richtung Möslarnalm/Kampenwandbergstation folgen. Nach dem Hirschenstein ist schon die Bergstation zu sehen. Wer die Ruhe liebt, sollte in der Möslarnalm einkehren, denn sie liegt unterhalb der
3 Bergstation, etwas abseits vom Trubel, der vor allem an der Sonnenalm herrscht. Danach geht es Richtung Bergstation, die bei Bedarf per Gondel eine gelenkschonende Abfahrt ins Tal bietet. Die Wanderung führt weiter über den bequemen Panoramaweg (rechts lockt der Blick in die Berge, links ins Tal) in Richtung Sonnenalm/Kampenwand. Ab der Sonnenalm schlängelt sich der nun leicht steigende Wanderweg im Zickzackkurs bis zur Kampenhöhe (1572 m). Vom dortigen 4 Andachtskreuz bietet sich eine wunderbare Aussicht auf Aschau und zum fernen München. Der Wanderweg wandelt sich nun in einen schmalen Schotterweg, führt an der Felsnadel des Staffelsteins (1512 m) vorbei bis zur Steinlingalm. Hier lockt eine schöne Sonnenterrasse zum Einkehrschwung.

Der Weg auf die Kampenwand verläuft über die Skipiste

Ab jetzt geht es nur noch bergab. Die Wanderung folgt dem breiten Almweg bis zur Gabelung am Sultensattel. Von hier geht es links weiter Richtung Schlechtenberggalm und Gorialm, die nochmal zu einer kulinarischen Pause verführen. Danach den Serpentinen hinunter Richtung Liftstüberl folgen. Es geht wieder an der Schlechtenberg Kapelle sowie der bewaldeten Maiswand (1114 m) vorbei. Doch statt auf dem bekannten Ziehweg zurückzuwandern, wird nun auf den Reitweg abgebogen. Nach der Rechtskurve geht es anschließend in Serpentinen hinunter. Genau an der Stelle, wo anfangs die Tour vom Reitweg in den Ziehweg wechselte (Nr. 20), führt nun die Wanderung nach rechts über den Ziehweg bergab. Von der Nummer 20 nach links auf die 22 wechseln und anschließend nach 400 Metern auf den Weg (Nr. 200) nach rechts abbiegen. Dem Weg, der zur Straße „Am Hofbichl" wird, folgen und in altbekannter Weise zum Parkplatz zurückwandern.

Die Kampenwand

Wer kennt ihn nicht, diesen Spruch: „I gangert gern auf d'Kampenwand, wenn i mit meiner Wamp'n kannt." Dank der 1957 erbau-

Abseits der bekannten Wege auf die Kampenwand locken wildromantische Pfade zu individuellen Entdeckungstouren

ten Seilbahn kann mittlerweile jeder die wunderschöne Rundumsicht Richtung Berchtesgadener Alpen, Steinernes Meer, Loferer Steinberge, Großglockner, Großvenediger, Hohe Tauern, Kaisergebirge, Chiemsee, Simssee sowie bei schönem Wetter auch bis nach München und sogar den Bayerischen Wald genießen. Der auffällig gezackte Gipfel erinnert an einen Hahnenkamm, bayerisch „Kampen".

Mit 1669 Metern ist zwar der Hauptgipfel der höchste Punkt der Kampenwand, doch das eiserne Gipfelkreuz, auch 🅾 Chiemgaukreuz, steht auf dem 1664 Meter hohen Ostgipfel. Zu besonderen Anlässen wird das mit zwölf Metern höchste Bergkreuz der bayerischen Alpen per Photovoltaikanlage beleuchtet.

Tipps

- An nebeligen Tagen und im Winter Wetterbericht checken und mit der Bahn auf die Kampenwand fahren. Hier kann man oft im Sonnenschein schöne Wanderungen machen.
- Der Kampenwand-Ostgipfel ist für geübte Berghunde und schwindelfreie Bergsteiger durchaus machbar.
- Viele Wege führen auf die Kampenwand. Schön und weniger überlaufen ist z. B. der wasserreiche Weg vom Wanderparkplatz Hainbach durch den Klausgraben zur Hofbauernalm (1379 m). Von dort geht´s weiter zur Bergstation und per Gondel ins Tal. Weitere Wandertipps gibt´s bei der Tourist Info Aschau.
- Nach der Wanderung an der Prientaler Flusslandschaft ein schönes Badeplätzchen für den Hund suchen.

Info

🅗	mit der Bahn von München bis zum Bahnhof Prien, weiter mit RB 27633 bis Aschau, dann RVO-Bus 9502 bis zur Talstation der Kampenwandbahn
🅟	Aschau i.Chiemgau, Parkplatz Kampenwandbahn (2 Euro)
🗺	Topografische Karte Chiemgauer Alpen West – Hochries, Geigelstein (DAV, BY 17)
🍽	Gorialm Hub 1 83229 Aschau i.Chiemgau www.gorialm.de täglich geöffnet (Juni – Oktober) Möslarnalm Engerndorf 2 83229 Aschau i.Chiemgau www.moeslarnalm.de täglich geöffnet (Juni – Oktober)
🛏	berge Kampenwandstraße 85 83229 Aschau i.Chiemgau www.moormann-berge.de ÜN Hund: 9 Euro/Nacht
ℹ	Info Kampenwandbahn An der Bergbahn 8 83229 Aschau i.Chiemgau www.kampenwand.de Tourist Information Aschau Kampenwandstraße 38 83229 Aschau i.Chiemgau Tel.: 08052-904937 www.aschau.de
✚	Tierarztpraxis Dr. Beate Gandorfer Josef-Pertl-Weg 4 83112 Frasdorf Tel.: 08052-4637

TOUR
8

breite Forststraßen und wurzelige Steige, glatte Felsplatten und geröllige Wanderwege – tolle Aussicht

Geigelstein: Blumenberg des Chiemgaus

Hundefreundlichkeit: Eine abwechslungsreiche Tour für geübte Hundepfoten. Bis auf den Anstieg zum Geigelsteingipfel ist die Wanderung für (fast) jeden Hund machbar. Unterwegs laden einige Bäche zum Plantschen ein. Ab den Schreckalmen ist der Weg der Sonne ausgesetzt. Auch aufgrund seiner Länge ist die Tour im Sommer nicht zu empfehlen. Zum Teil geht es am Naturschutzgebiet vorbei – hier den Hund anleinen.

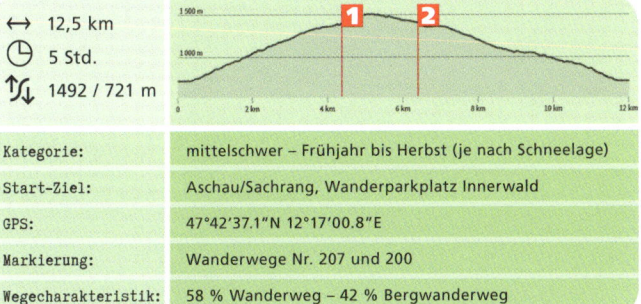

↔ 12,5 km
🕓 5 Std.
↕ 1492 / 721 m

Kategorie:	mittelschwer – Frühjahr bis Herbst (je nach Schneelage)
Start-Ziel:	Aschau/Sachrang, Wanderparkplatz Innerwald
GPS:	47°42'37.1"N 12°17'00.8"E
Markierung:	Wanderwege Nr. 207 und 200
Wegecharakteristik:	58 % Wanderweg – 42 % Bergwanderweg

Vom Parkplatz Innerwald geht es zunächst über die ST 2093 und dann nach rechts. An der Holzbrücke links die Prien queren und dem etwas steilen Pfad bis zum Forstweg aus Sachrang folgen. Hier führt die Wanderung nun ein kurzes Stück nach links bergauf. Beim nächsten Steig wieder links abbiegen und diesem bis zur nächsten Forststraße folgen. Dann geht es kurz nach links und nach wenigen Metern rechts auf den steilen Sommerweg bzw. Jägersteig. Dieser schlängelt sich immer weiter in Richtung Osten, den Berg hinauf durch einen schattigen Wald. Kurz vor den **1** Schreckalmen führt der Pfad über wunderschöne Almböden am Waldrand entlang zur Alm. Bei einer kurzen Rast kann man in Ruhe den herrlichen Blick auf die umliegenden Berge sowie das Inntal genießen. Anschließend geht es weiter bergauf und bei der nächsten T-Kreuzung nach links über den Schreckgraben. Nun sind die meisten Höhenmeter – sofern es nicht noch auf den Geigelstein geht – geschafft und die Priener Hütte ist schon zu sehen. Die Wanderung führt berg-

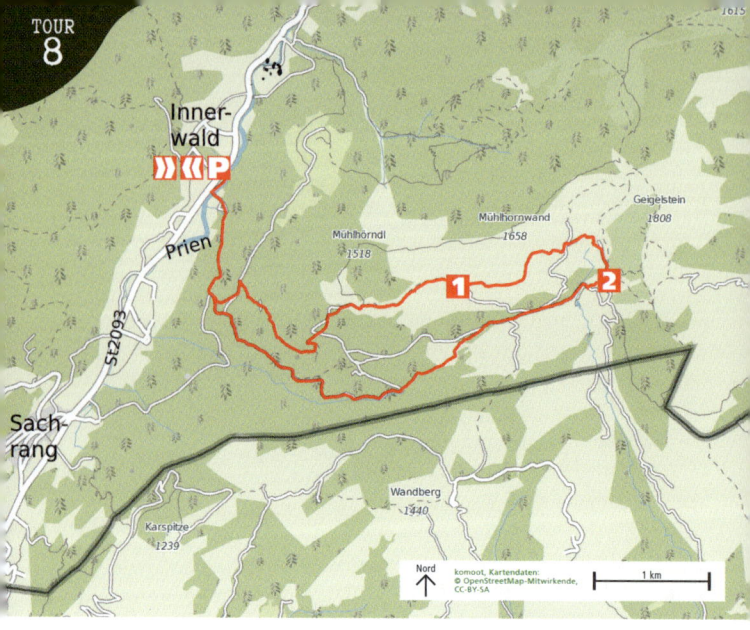

runter an der Sulzingalm vorbei. Der schmale Pfad wechselt nun wieder in einen Fahrweg über, der geradeaus an der Bergwachthütte vorbeikommt. Am Rahmbach macht die Straße eine Rechtskurve Richtung 2 Priener Hütte. An dieser lohnt sich eine lange Rast, denn die Hälfte der Wanderung ist geschafft. Ab der Priener Hütte geht es in Richtung Osten auf dem Forstweg Nr. 200 den Berg hinunter. Wenn es nicht nass ist, kann die breite Schotterstraße – auf der sich oft Radler tummeln – nach links über den Grünbodensteig abgekürzt werden, bis dieser wieder nach knapp einem Kilometer unterhalb der Talalm auf den Forstweg trifft. Sobald der Weg Nr. 200 wieder auf den Weg 207 stößt, dem Wanderweg in altbekannter Weise bis zum Parkplatz folgen.

Der Geigelstein

Der Geigelstein ist der zweithöchste Gipfel der Chiemgauer Alpen. Von hier gibt es eine gigantische Aussicht auf die Zacken des Wilden Kaisers, die hohen Tauern, die Berchtesgadener Alpen, die Loferer Berge, die Karwendelkette und die Stubaier Alpen. Das 3000 Hektar große Gebiet rund um den Geigelstein wurde 1991 als Naturschutzgebiet ausgewiesen. Hier kommen alle bei uns heimischen Raufußarten wie Auerhuhn, Birkhuhn, Alpenschneehuhn, Haselhuhn sowie Steinadler, Sperlingskauze, verschiedene Spechtarten und Murmeltiere vor. Außerdem ist der Geigelstein aufgrund seines Reichtums an seltenen Pflanzen bekannt: So findet man hier 40 Orchideen- und 16 Enzianarten sowie zahlreiche weitere botanische Kostbarkeiten.

Tipps

- Das Geigelstein- und Kampenwandgebiet eignet sich auch für Mehrtagestouren. Bis dato durften Hunde auf der Priener Hütte übernachten. 2015 gibt es einen Pächterwechsel.
- Autofahrer freuen sich über günstige Spritpreise nach der nur wenige Kilometer entfernten Grenze bei Grenzhub.
- Sehenswert: Die vom – über die Landesgrenzen hinaus – bekannten Müllner-Peter 1826 restaurierte Ölbergkapelle bei Sachrang.

Zum Schluss geht es über Almwiesen bis zur Priener Hütte

Info

🚍	mit der Bahn von München bis zum Bahnhof Prien, weiter mit RB 27633 bis Aschau, dann RVO-Bus 9502 bis Innerwald
🅿	Wanderparkplatz Innerwald (2 Euro) oder Huben (kostenlos)
🗺	Topografische Karte Chiemgauer Alpen West – Hochries, Geigelstein (DAV, BY 17)
🍴	Priener Hütte Huben 50 83229 Aschau/Sachrang www.dav-priener-huette.de ganzjährig geöffnet
🛏	Landhotel Wilder Kaiser Kirchstraße 22 83229 Aschau/Sachrang www.hotel-wilder-kaiser-Sachrang.de ÜN Hund: 5 Euro/Nacht Müllner-Peter-Hof Aschach 1 83229 Aschau/Sachrang Tel.: 08057-904772 www.muellnerpeterhof.de ÜN Hund: 3 Euro/Nacht
ℹ	Tourist Information Aschau Kampenwandstraße 38 83229 Aschau i.Chiemgau Tel.: 08052-904937 www.aschau.de Tourist Information Sachrang Dorfstraße 20 83229 Aschau/Sachrang Tel.: 08057-909737 www.sachrang.de
✚	Tierarztpraxis Dr. med. vet. Jahn Hayo Kirchstraße 50 83229 Aschau/Sachrang Tel.: 08057-9045110

menschenleere Pfade – tolle Rundumsicht – Murmeltiere

Spitzstein: Panoramaberg mit Gaumenfreuden

Hundefreundlichkeit: Dank der unterschiedlichen Wegbeschaffenheit wirkt diese Tour wie ein großes Spieleparadies für Hunde. Doch Vorsicht: An der Tristmahlnschneid gibt´s Murmeltiere – hier den Hund anleinen. Unterwegs bieten sich immer wieder Wasserstellen zum Trinken und Plantschen. Weiter oben ist der Weg teilweise der Sonne ausgesetzt. Leider dürfen Vierbeiner nicht in die Hütte der Altkaseralm.

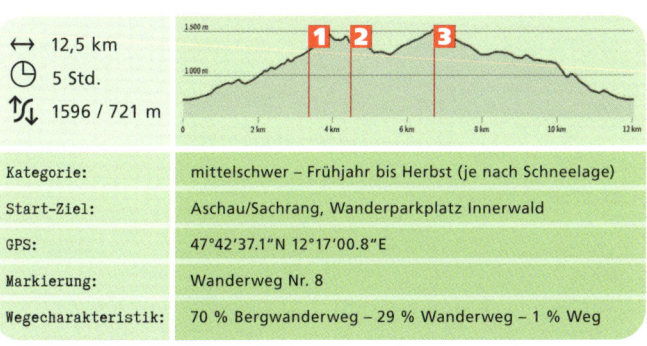

↔ 12,5 km
⏱ 5 Std.
⇅ 1596 / 721 m

Kategorie:	mittelschwer – Frühjahr bis Herbst (je nach Schneelage)
Start-Ziel:	Aschau/Sachrang, Wanderparkplatz Innerwald
GPS:	47°42'37.1"N 12°17'00.8"E
Markierung:	Wanderweg Nr. 8
Wegecharakteristik:	70 % Bergwanderweg – 29 % Wanderweg – 1 % Weg

Ab dem Parkplatz Innerwald führt zunächst ein breiter Wanderweg Richtung Nordwesten. Für die Rundwanderung wird die erste Abzweigung nach 500 Metern zum Spitzstein links liegengelassen. Nach weiteren knapp 250 Metern geht es nach links in Richtung Brandlbergalm. Entlang des Kohlstätter Baches führt der Weg nun durch einen Wald und über eine Brücke immer weiter bergauf bis fast zur 1 Brandlbergalm (1225 m). Hinter der Alm geht es über einen Vieh-Triebweg weiter Richtung Süden. Hier ist etwas Pfadfinderkönnen gefragt, wobei rote Punkte den Weg markieren. Ein steiler und gerölliger Pfad geht nun nach rechts im Zickzackkurs bis hinauf zum 2 Sattel zwischen Brandlberg und Spitzstein. Bald trifft die Wanderung auf den Weg Nr. 10. Hier verläuft die Tour links durch die Felsen zu den steil abfallenden Spitzsteinwänden, die rechterhand imposant den Weg einsäumen. Vorsicht: ❗ Steinschlaggefahr! Über einen schmalen Pfad geht es mit teilweise wunderschöner Aussicht

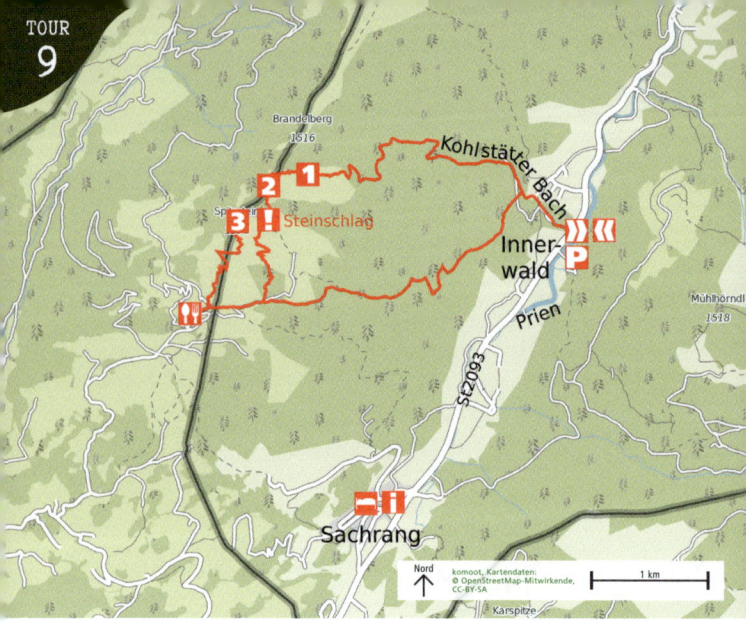

bergab bis zur Auer-Alm (1305 m). Hier rechts über den Almweg bis zum Spitzsteinhaus wandern. Wer noch Kondition hat, nimmt vom Spitzsteinhaus aus den steilen Pfad bis zum 3 Spitzsteingipfel (1596 m). Der Rückweg bis zum Spitzsteinhaus verläuft über dieselbe Route wie der Hinweg. Eine Pause bei den hervorragend zubereiteten Speisen aus der Region und dem herrlichen Panoramablick ist nach der Bergtour wohlverdient. Zurück geht es dann bis zur Auer-Alm auf bekanntem Weg. Nun jedoch nicht den Weg zurück nach Norden, sondern weiter Richung Osten über den Ziehweg Nr. 8 bis zum Parkplatz Innerwald nehmen.

Tipps

- Viele Wege führen auf den Spitzstein, daher ist er viel besucht. Beliebt ist die relativ einfache Bergtour ab Sachrang. Im Winter empfiehlt sich als Startpunkt der Erlerberg.
- „So schmecken Berge" ist eine Kampagne des DAV und auch das Motto des Spitzsteinhauses. Dementsprechend werden hauptsächlich Lebensmittel aus der Region und von Almhütten angeboten. Natürlich frisch zubereitet.
- Autofahrer freuen sich über günstige Spritpreise nach der nur wenige Kilometer entfernten Grenze bei Grenzhub.

Das Spitzsteingebiet

Vom waldfreien Gipfel des Spitzsteines (1596 m) gibt es eine herrliche Aussicht auf die Chiemgau-

er Alpen, die Bayerischen Voralpen, das Kaisergebirge, die Zentralalpen und das Inntal. Über den Felsgipfel des Spitzsteins verläuft die bayerisch-österreichische Grenze.
Im Spitzsteingebiet entspringt übrigens die Prien, einer der längsten Wildbäche des bayerischen Voralpenraumes. Nach 32 Kilometern endet die Prien in der Schafwaschener Bucht des Chiemsees. Entlang der Prientaler Flusslandschaft gibt es übrigens in ganz Aschau wunderschöne Spazierwege. Und das Schönste: Hunde dürfen hier uneingeschränkt baden.

Info

H mit der Bahn von München bis zum Bahnhof Prien, weiter mit RB 27633 bis Aschau, dann RVO-Bus 9502 bis Innerwald

P Wanderparkplatz Innerwald (2 Euro) oder Huben (kostenlos)

Topografische Karte Chiemgauer Alpen West – Hochries, Geigelstein (DAV, BY 17)

Spitzsteinhaus
Almen 47
A-6343 Erl
www.spitzsteinhaus.info
täglich geöffnet

Landhotel Wilder Kaiser
Kirchstraße 22
83229 Aschau/Sachrang
www.hotel-wilder-kaiser-sachrang.de
ÜN Hund: 5 Euro/Nacht

Familie Max Pfaffinger
Außerwald 8
83229 Aschau i.Chiemgau
www.auerhof-chiemgau.de
Haustiere auf Anfrage

i Tourist Information Aschau
Kampenwandstraße 38
83229 Aschau i.Chiemgau
Tel.: 08052-904937
www.aschau.de

Tourist Information Sachrang
Dorfstraße 20
83229 Aschau/Sachrang
Tel.: 08057-909737
www.sachrang.de

Tierarztpraxis
Dr. med. vet. Heidi Lengauer
Am Forellensteg 4
83229 Aschau i.Chiemgau
Tel.: 08052-957965

Unterwegs laden kleine Bäche zu Bade- und Trinkpausen ein

TOUR 10

Idyllisches Biotop – spiegelnde Wolken in dunklen Torfseen – einmalige Kulisse aus weitem Hochmoor und Bergmassiven

Kleinod wildromantische Kendlmühlfilzen

Hundefreundlichkeit: Da die Wanderung durch ein Naturschutzgebiet führt, sollten Hunde hier angeleint sein. Vor allem, da hier Kreuzottern, Wildschweine und bodenbrütende Vögel leben. Nichtsdestotrotz bietet sich immer mal wieder die Gelegenheit für ein tolles Bad. Bis auf den Hochsommer ist die nicht durchgängig schattenspendende Wanderung für die Vierbeiner das ganze Jahr über ein Vergnügen.

↔ 12,5 km
⏲ 3,5 Std.
↕ 603 / 526 m

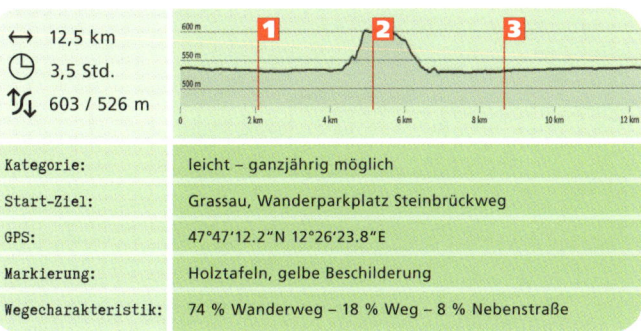

Kategorie:	leicht – ganzjährig möglich
Start-Ziel:	Grassau, Wanderparkplatz Steinbrückweg
GPS:	47°47'12.2"N 12°26'23.8"E
Markierung:	Holztafeln, gelbe Beschilderung
Wegecharakteristik:	74 % Wanderweg – 18 % Weg – 8 % Nebenstraße

Vom Wanderparkplatz geht es geradeaus Richtung Norden, dem Schild „Moorrundweg" folgend, immer tiefer in die Kendlmühlfilzen hinein. Zunächst bestimmt ein kleiner Wald die Umgebung, der aber nach ca. zehn Minuten die Aussicht auf die herrliche Moorlandschaft freigibt. Der Beschilderung folgend, führt der Moorrundweg nach ca. 800 Metern rechts und an der nächsten T-Kreuzung links weiter. Nun geht es immer geradeaus, über ehemalige Bahnschienen, auf denen der Torf zum Bahnhof Rottau gebracht wurde. Zwischendrin bietet ein **1** Aussichtsturm (47°47'41.0"N 12°26'52.2"E) einen herrlichen Blick auf die dunklen Torfseen und die schier unendliche Weite des Moors. Direkt im Anschluss führen einige Holzbrücken über die vielen Kanäle der Filzen. Je nach Wetterbedingung kann der nächste Streckenabschnitt – es geht nach rechts an einem Kanal entlang – etwas schlammig werden. Bei der nächsten Abzweigung links der Beschilderung nach Westerbuchberg folgen. Der

schmale Pfad verlässt die Moorlandschaft und geht an einem Weiler in einen breiten Fahrweg über. Im Zickzackkurs führt die Wanderung an einem Hangwald hinauf zum 2 Westerbuchberg (603 m) mit seiner Kirche St. Peter und Paul und der ersten Einkehrmöglichkeit im Restaurant Alpenhof. Von hier geht es nach rechts, ca. 20 Minuten lang der Straße Westerbuchberg folgend, den kleinen Berg hinab bis zur bekannten Gaststätte Zur schönen Aussicht. Die Wanderung führt weiter nach rechts in einem großen Bogen zum Moosbach und von hier am Flutkanal entlang bis zur kleinen Straße Bachham. Dieser nach links folgend geht es bei der nächsten Möglichkeit gleich wieder rechts in die Straße Sonnleiten. Nach einer kleinen Brücke verläuft der Wanderweg nach links mit einem kurzen Abstecher über den Ewigkeitsweg mehr oder weniger parallel zum Flutkanal um das 3 Golfresort Achental herum. In südliche Richtung geht es immer weiter Richtung Grassau. Bei der nächsten T-Kreuzung nach rechts in die Niederfeldstraße, danach nochmals nach rechts in den Raschauer Weg und dann wieder rechts in die Moosbacher Straße abbiegen. Am Hindlinger Bach trifft die Wanderung wieder auf den Moorrundweg, der nach links bis zum Parkplatz am Steinbrückweg führt.

Hier hat sich ein Künstler an den Baumstümpfen verewigt

Der Weg durch die Kendelmühlfilzen ist hervorragend durch Holztafeln ausgeschildert

Filz

Filz steht im Bayerischen für das Wort Hochmoor. Die 900 Hektar große Kendlmühlfilzen gilt als das größte Hochmoor Südostbayerns. Nach der Verlandung des Chiemsees hat sich in Tausenden von Jahren eine acht bis zehn Meter hohe Torfschicht im Moorgebiet gebildet. Während früher der Torf noch von Hand gestochen und als Heizmaterial oder für Streu verwendet wurde, begann im 20. Jahrhundert der maschinelle

Torfabbau. Als Arbeiter wurden die Insassen der JVA Bernau herangezogen. Sie gaben auch dem schier endlos scheinenden Ewigkeitsweg seinen Namen.

In den 90er Jahren begann man mit der Renaturierung des Moorgebietes. So langsam erobert sich die Pflanzen- und Tierwelt ihr Gebiet zurück, doch die Spuren des Torfabbaus werden noch lange zu sehen sein.

Im Norden der Kendlmühlfilzen liegt der Westerbuchberg. Noch vor 15.000 Jahren war er – genauso wie der Osterbuchberg – eine Insel im riesigen Urchiemsee. Heute ist der Westerbuchberg vor allem aufgrund seiner grandiosen Aussicht über die Filzen und das Achental sowie auf die umliegenden Berge wie den Wilden Kaiser, die Kampenwand, Hochgern und Hochfelln ein beliebtes Ausflugsziel. Auch hat sich hier die eine oder andere Prominenz von Kunst bis Politik niedergelassen.

Tipps

- Der Abstecher in die Kirche St. Peter und Paul mit seinen guterhaltenen Fresken und seinem gemalten Nothelferaltar lohnt sich.
- Nach der Tour am Museum Salz und Moor (an der B 305 Rottau) parken. Das Museum bietet naturwissenschaftliche und historische Informationen zur Kendlmühlfilzen. Hunde sind in beiden Häusern willkommen.
- Kurzwanderung von 25 Minuten zum idyllischen Wasserfall am Griessenbach. Er rauscht in Kaskaden über 25 Meter in die Tiefe.

Info

🚉	mit der Bahn von München bis zum Bahnhof Prien, weiter mit RVO-Bus 9505 nach Kucheln alternativ: Chiemseeringlinie ab/nach Prien (Mai – September)
🅿	Wanderparkplatz Steinbrückweg, Grassau
🗺	Wanderkarte Chiemsee, Chiemgauer Alpen (UK 50-54), 1:50000 (Landesamt für Vermessung und Geoinformation, Bayern)
🍴	Gasthof-Restaurant-Hotel Alpenhof Westerbuchberg 99 83236 Übersee www.alpenhof-chiemgau.de Di./ Mi. Ruhetag
🛏	Hotel-Gasthof Zur schönen Aussicht Westerbuchberg 9 83236 Übersee www.hotel-aussicht.com ÜN Hund: 5 Euro/Nacht Golf Resort Achental Mietenkamer Straße 65 83224 Grassau www.golf-resort-achental.com ÜN Hund: 9 Euro/Nacht
ℹ	Tourist Information Grassau Kirchplatz 3 83224 Grassau Tel.: 08641-697960 www.grassau.info Tourist Information Rottau Grassauer Straße 7 83224 Rottau Tel.: 08641-2773 www.rottau-chiemgau.de
✚	Tierärztliche Gemeinschaftspraxis für Kleintiere Dr. Armin Zoller und Yvonne Marion Zoller Rosengasse 14 83224 Grassau Tel.: 08641-2460

TOUR
11

anspruchsvolle Bergtour – herrlicher Panoramablick
– Hüttenzauber beim Abstieg

Hochgern: Gipfel mit Aussicht

Hundefreundlichkeit: Eine schöne und abwechslungsreiche Tour, die vor allem für berggeübte und trainierte Vierbeiner geeignet ist. Bis zur Staudacher Alm ist der Weg größtenteils schattig, doch dann beginnt der ausgesetzte Part der langen Strecke. Auch, wenn zwischendurch immer wieder Wasserstellen zu finden sind, ist diese Wanderung nichts für heiße Sommertage.
Auf den Almwiesen sollte der Hund angeleint werden bzw. bei Fuß gehen. Ab der Agergschwendt Alm sind viele Radler unterwegs, deshalb hier möglichst auf die Steige wechseln.

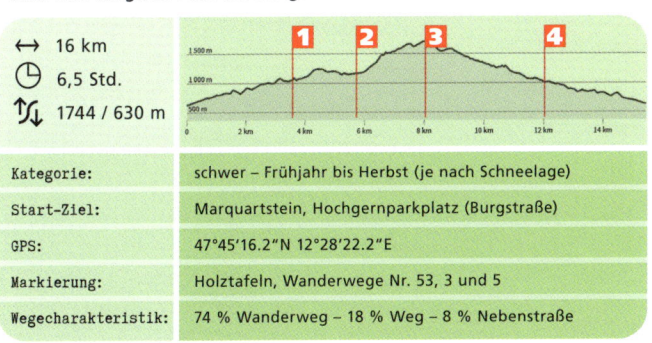

↔ 16 km
⏱ 6,5 Std.
↕ 1744 / 630 m

Kategorie:	schwer – Frühjahr bis Herbst (je nach Schneelage)
Start-Ziel:	Marquartstein, Hochgernparkplatz (Burgstraße)
GPS:	47°45'16.2"N 12°28'22.2"E
Markierung:	Holztafeln, Wanderwege Nr. 53, 3 und 5
Wegecharakteristik:	74 % Wanderweg – 18 % Weg – 8 % Nebenstraße

Vom Hochgernparkplatz geht es zunächst für einige Minuten den Wirtschaftsweg bergauf. Bei der ersten Kreuzung dann links Richtung Schnappenkirche abbiegen. Der Pfad trifft kurzzeitig auf den Fahrweg Richtung Hochgern, doch schon bei nächster Gelegenheit geht es wieder nach links in Richtung Schnappenkirche. Direkt vor einer breit gezogenen Linkskurve (hier kann ein Abstecher zum Aussichtspunkt 🟠 Windeck ge-

macht werden), führt die Wanderung zur Schnappenkirche nun rechts weiter durch den Ramsenmooswald, am Predigtstein, der Kindlwand und der Quelle des Schnappenbachs vorbei. In einigen Kehren, aber stets auf dem gleichen Weg bleibend, bieten sich bis zur 1 Schnappenkirche (1100 m/47°45'47.2"N 12°28'55.0"E) einige tolle Aussichtspunkte. Nach der ersten Rast an der Kirche, mit Blick auf den Chiemsee, geht es nun

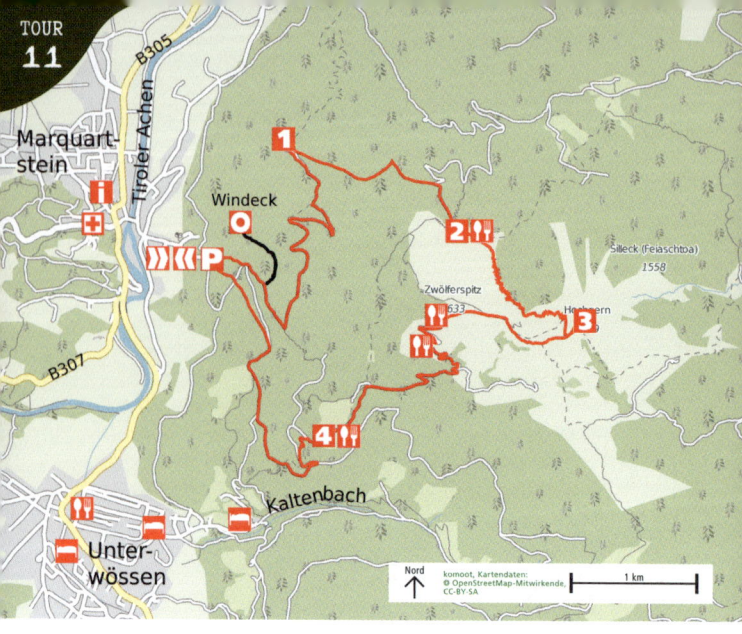

wieder einige Meter zurück, über einen kleinen Steig sowie einen Wiesensattel bis zu einem moderaten Wirtschaftsweg, der zur **2** Staudacher Alm (1142 m) führt. Hier lohnt sich eine kleine Stärkung, denn der Weg zur nächsten Hütte ist noch weit. Außerdem folgt nun der anstrengendste Teil der Wanderung: Der schmale Pfad zum Hochgern – er führt etwa 300 Meter nach der Staudacher Alm rechts ab – wird nun steil und teilweise rutschig. Für trittsichere und trainierte Wanderer kein Problem, andere haben auf diesem serpentinenartigen Stück sehr zu kämpfen. Doch kaum ist die Einsenkung unterhalb des Hochgerngipfels erreicht, darf man sich wieder auf bequemere Pfade freuen. Hier geht es links so lange am Hang entlang, bis eine weitere Abzweigung nach links zum **3** Hochgerngipfel weist. Der Hochgern hat übrigens zwei Gipfel: Auf dem einen steht das Gipfelkreuz, auf dem anderen eine Miniaturkappelle, in der das Gipfelbuch aufbewahrt ist. Je nach Wetterlage geht es entweder den Aufstiegsweg zurück oder in einem Rundbogen bis zur Wegkreuzung Richtung Hochgernhaus. Ab jetzt kann man sich auf ein bequemes Abwärtsgehen mit grandioser Aussicht in das Achental, auf die Kampenwand, den Geigelstein sowie das Kaisergebirge freuen. Zudem locken unterwegs das Hochgernhaus (1461 m), die liebevoll

Fantasievolle Dekoration im schönen Garten der Enzianhütte

geschmückte Enzianhütte sowie die urige Moaralm zum Einkehrschwung. Die Abzweigungen nach links zum Hasenpoint ignorierend geht es auf dem steinigen Weg weiter bis zur **4** Agergschwendtalm. Ab hier wird der Weg moderater. Dementsprechend sind viele Mountainbiker auf dem breiten Wirtschaftsweg unterwegs. Deshalb macht es immer mal wieder Sinn, über kleine Steige den breiten Fahrweg abzukürzen. Doch Vorsicht: Die Richtung zum Parkplatz Hochgern sollte nicht aus den Augen gelassen werden, sonst kommt man aus Versehen in Unterwössen an.
An der nächsten T-Kreuzung geht es nochmals nach rechts und dann gen Norden Richtung Parkplatz. Nach 16 Kilometern abwechslungsreicher Wanderung ist der Wanderparkplatz wieder erreicht.

Der Hochgern

Der Hochgern (1747 m) gilt dank seiner exponierten Lage als klassischer Aussichtsberg im Chiemgau. Bei klarem Wetter sind die Loferer Steinberge, die Zentralalpen inklusive Großglockner, Großvenediger und Kaisergebirge sowie das Mangfallgebirge zu sehen. Zum Hochgerngebiet gehören mehrere Begleitgipfel wie der Zwölferspitz (1633 m), Hochlerch (1560 m), Bischofsstuhl (1516 m), Silleck (1585), Hasenpoint (1587 m) und Hochsattel (1547 m). Im Unterschied zu den Nachbarbergen des Hochgern führt keine bequeme Bahn auf den Gipfel. Wer hier hinauf will, schafft das nur mit eigener Muskelkraft.

Geschafft: Ab jetzt geht´s nur noch den Berg hinunter – Jause inklusive

Tipps

- Im Frühjahr den südseitigen Weg ab Unterwössen zum Hochgern nehmen – hier ist der Schnee schneller geschmolzen.
- Im Sommer ist der Weg durch den schattigen Wald bis zur Schnappenkirche ein Genuss.

Ab der Staudacher Alm führt die Wanderung über einen schmalen, steilen und teilweise rutschigen Steig

Info

H mit der Bahn von München bis zum Bahnhof Prien, weiter mit RVO-Bus 9505 zum Rathaus Marquartstein

P Hochgernparkplatz, Marquartstein (Burgstraße)

Karte Topografische Karte Chiemgauer Alpen West – Hochries, Geigelstein (DAV, BY 17)

Gastronomie
Enzianstüberl
83246 Unterwössen
Tel.: 08641-61566
Mai – Oktober geöffnet
(bei schönem Wetter)

Staudacher Alm
Tel.: 08662-2378
Mai – Oktober geöffnet
(je nach Schneelage)

Unterkunft
Moaralm/Berghof Moar
Hochgernweg 75
83246 Unterwössen
www.berghof-moar.de
Mai – Oktober geöffnet
Hunde auf Anfrage erlaubt

Wander & Landhotel Gabriele
Bründlsberggasse 14
83246 Unterwössen
www.hotel-gabriele.de
ÜN Hund: 8 Euro/Nacht

Hotel Astrid
Wendelweg 15-17
83246 Unterwössen
www.astrid-hotel.de
Mo./Di. Ruhetag
ÜN Hund: 10 Euro/Nacht

i Tourist Information Marquartstein
Rathausplatz 1
83250 Marquartstein
Tel.: 08641-699558
www.marquartstein.de

+ Kleintierpraxis
Barbara Enthaler
Lanzinger Straße 28
3250 Marquartstein
www.kleintierpraxis-enthaler.de

TOUR
12

einsame, steile, zum Teil ausgesetzte Bergpfade
– gigantischer Ausblick – urige Berghütte

Unterwegs zur Piesenhausener Hochalm

Hundefreundlichkeit: Diese Tour macht bergerfahrenen Hunden sicherlich sehr viel Spaß. Wer seinem weniger geübten Vierbeiner die steil abfallenden Passagen nicht zutraut, geht einfach auf dem Hinweg wieder zurück. Diese Variante empfiehlt sich auch an heißen Sommertagen: Der Hinweg durch den Schlechinger Forst ist bis auf die anfängliche Schotterpiste und den Weg am Kamm entlang zur Hütte recht schattig. Zudem sind hier immer wieder Wasserstellen zu finden. An den Almen und Almwiesen den Hund anleinen.

↔ 11 km
🕒 4,5 Std.
↕ 1360 / 625 m

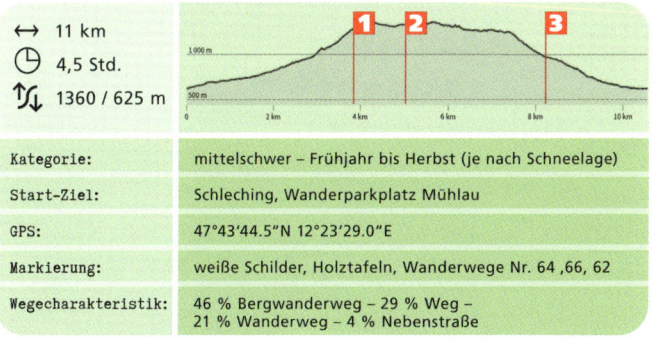

Kategorie:	mittelschwer – Frühjahr bis Herbst (je nach Schneelage)
Start-Ziel:	Schleching, Wanderparkplatz Mühlau
GPS:	47°43'44.5"N 12°23'29.0"E
Markierung:	weiße Schilder, Holztafeln, Wanderwege Nr. 64 ,66, 62
Wegecharakteristik:	46 % Bergwanderweg – 29 % Weg – 21 % Wanderweg – 4 % Nebenstraße

Vom Parkplatz Mühlau führt die Wanderung zunächst am Mühlbach entlang in Richtung Dalsenalmen. Bei der ersten Abzweigung weiter am Bach orientieren. Erst an der größeren Kreuzung (einer Spitzkehre) rechts halten und der Beschilderung Ramsental/Hochplatte folgen. Zunächst geht es über einen breiten Schotterweg leicht bergauf. In einer weit gezogenen Linkskurve führt unübersehbar ein Steig links ab (47°44'14.9"N 12°23'20.0"E)

Richtung Hochplatte. Nun schlängelt sich ein schmaler Pfad für die nächsten knapp anderhalb Kilometer über Wurzeln, Steine und Bäche weiter steil bergauf durch das Ramsental. Vorsicht: Hier kann es bei Nässe rutschig sein. An der nächsten, gut sichtbaren Abzweigung heißt es links (47°44'50.5"N 12°23'33.8"E) zur Hochplatte/Hochalm abbiegen. Nach zahlreichen Kehren folgt die nächste T-Kreuzung und wieder geht es nach links

zur Hochplatte. Nach dem Wald ist die Piesenhausener Hochalm vor der grandiosen Kulisse der Kampenwandostseite endlich zu sehen. Es geht an der **1** Bergwachthütte vorbei. Nun mündet der Weg wieder in eine breite Schotterstraße. Links geht es zur **2** Piesenhausener Hochalm (47°45'11.2"N 12°23'26.4"E), rechts zum Gipfel der Hochplatte. Bei hausgemachten Speisen lässt sich der traumhafte Blick von der Alm besonders genießen. Zurück geht es bis kurz nach der **1** Bergwachthütte auf dem gleichen Weg. Doch bei der nächsten Kreuzung führt die Rundwanderung nun nach links. Auf dieser Strecke ist Konzentration und Trittsicherheit gefragt, denn an Bachquerungen gibt es einige unschwierige, aber schmale und steil abfallende Passagen, wobei eine Stelle davon sogar gut mit Seilen gesichert ist. Bei der nächsten Wegkreuzung wieder rechts halten. Bald verlässt der Weg den Wald und führt über eine steile Almwiese mit herrlichem Blick ins Achental bis zur **3** Oberauer Brunst Alm. Ab hier wird es etwas gelenkschonender. Der Weg geht wieder in einen Mischwald über und kann teilweise durch kleine Steige abgekürzt werden. Zwischendrin besteht die Möglichkeit an der Vogelschau nochmals eine kleine Rast einzulegen. Bald trifft der Weg unterhalb des Parkplatzes auf die Straße nach Mühlau. Nun rechts halten und die wenigen Meter zum Auto zurücklaufen.

Die Hochplatte

Die 1587 Meter hohe Hochplatte liegt im östlichen Kampenwandgebiet. Am bequemsten ist der Gipfel über den Sessellift ab Marquartstein zu erreichen. Oben angekommen bietet sich eine herrliche Aussicht, die in etwa der von der Piesenhausener Hochalm zu vergleichen ist. Vom Norden gesehen erinnert die Hochplatte an eine Pyramide. Im Osten wird die zwillingsähnliche Felsformation der Hochplatte von den Einheimischen einfach Zwilliwand genannt.

Tipps

- Fotoapparat mitnehmen: Die Oberauer Brunst Alm ist als Enzianparadies bekannt.
- Im Sommer den schattigen Aufstieg durch den Schlechinger Forst auch als Abstieg nutzen.
- Auf der Piesenhausener Hochalm gibt es täglich frisch gebackenen Kuchen aus dem Holzofen. Wer lieber eine Jause mag: Zu empfehlen ist der eingelegte Weichkäse aus eigener Herstellung.
- Sehenswert: Wallfahrtsort Maria Klobenstein mit der Hängebrücke und die gotische Streichenkirche bei Schleching.

Info

🚆	mit der Bahn von München bis zum Bahnhof Prien, weiter mit RVO-Bus 9505 nach Mühlau (eher umständlich)
🅿	Wanderparkplatz Mühlau
🗺	Topografische Karte Chiemgauer Alpen West – Hochries, Geigelstein (DAV, BY 17)
	Achental Wanderkarte (in allen Achentalorten erhältlich, Versand möglich)
🍴	Oberauer Brunst Alm Schleching/Mühlau Tel.: 08649-1439 Juni – September geöffnet (bei schönem Wetter am Wochenende)
🛏	Piesenhausener Hochalm/ Naderbauer-Hof/Niederalm Dorfstraße 22 83250 Marquartstein www.naderbauer.de Pfingsten – Kirchweihmontag geöffnet ÜN Hund: 5 Euro/Nacht
	Ferienwohnung Alpenblick Austraße 36 83259 Schleching ÜN Hund: 6 Euro/Nacht
ℹ	Tourist Information Schleching Schulstraße 4 83259 Schleching Tel.: 08649-220 www.schleching.de
✚	Tierarztpraxis Stefan Gmeiner Schlechterhöhe 2 A-6345 Kössen Tel.: +43 5375-6348

Chiemgauer Bergjuwel – herrliche Panoramablicke
– idyllische Almwiesen

Badespaß am Taubensee

Hundefreundlichkeit: Am Taubensee treffen sich die meisten Hundebesitzer. Das mag daran liegen, dass hier selten ein Bergradler zu finden ist, oder daran, dass oben ein wahres Badeparadies wartet. Jedoch haben die Almwirte schon einige schlechte Erfahrungen mit uneinsichtigen Hundebesitzern gemacht. Dementsprechend reagieren sie meistens allergisch auf unangeleinte, nasse und sich in der Hütte schüttelnde Hunde (Handtuch mitnehmen oder draußen bleiben) sowie auf die oft entsprechend egoistischen Besitzer. Also auf zum Taubensee und zeigen, dass es auch anders geht. Auf den Almwiesen Hunde ebenfalls anleinen bzw. bei Fuß gehen lassen. Hier weiden neben Kühen und Schafen auch Lamas. Es gibt eine kurze, aber bedenkenlose Tragepassage kurz hinter der Stoibenmöseralm.

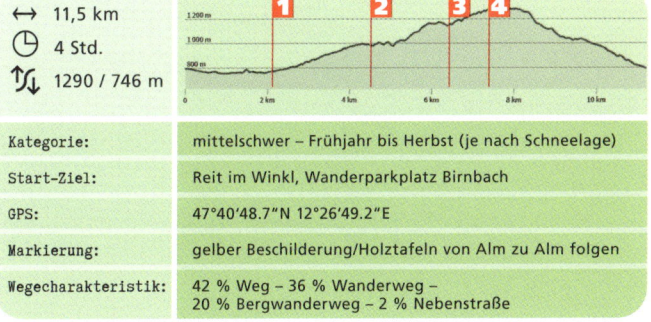

↔ 11,5 km
⏲ 4 Std.
↗↘ 1290 / 746 m

Kategorie:	mittelschwer – Frühjahr bis Herbst (je nach Schneelage)
Start-Ziel:	Reit im Winkl, Wanderparkplatz Birnbach
GPS:	47°40'48.7"N 12°26'49.2"E
Markierung:	gelber Beschilderung/Holztafeln von Alm zu Alm folgen
Wegecharakteristik:	42 % Weg – 36 % Wanderweg – 20 % Bergwanderweg – 2 % Nebenstraße

Vom Parkplatz aus die Straße queren und gleich hinter dem Hof durch ein hölzernes Tor auf den kleinen Pfad nach links Richtung Embach abbiegen. Es geht entlang des Moosertalbaches, über eine Leiter – die Hunde aber leicht umgehen können – in deutsch-österreichisches Grenzgebiet. Der Pfad führt geradeaus über den Embacher Talbach Richtung Kössen, Taubenseehütte, Mühlbach, Rinderbrachalm. Dabei passiert er eine Almwiese und Weidezäune, die leicht zu öffnen sind. Ab dem **1** Weiler Ruppen (47°40'41.3"N 12°25'48.1"E) geht es zunächst den Mühlbergweg nach rechts bergauf. Am nächsten Wanderparkplatz führt wiederum rechts ein kleiner Steig Richtung Frankenalm (großes grünes Schild).

Bei der nächsten Kreuzung rechts auf den Wirtschaftsweg abbiegen. Bis zur **2** Frankenalm (47°41'22.7"N 12°25'45.1"E) auf diesem Weg bleiben. Ab hier geht es in einem breiten Linksbogen über einen steilen Pfad bis zur nächsten Kreuzung. Hier links Richtung Taubenseehütte und nach 500 Metern wieder rechts wandern. In einem großen Rechtsbogen geht es nun um die Taubenseehütte (1165 m, 47°41'36.8"N 12°25'12.2"E) herum. Folgt man dem Weg weiter in Richtung Osten, gelangt man zum
3 Taubensee. Nach einem kurzen Stück durch den Wald lädt der schöne See an Sommertagen zu einem Bade ein. Zwar gibt es keine Liegewiese, aber ein schönes Plätzchen ist überall zu finden. Nach der Rast geht es jetzt südlich um den See herum, immer bergauf bis zum **4** Sonnenwendköpfl (1278 m, 47°41'40.0"N 12°25'57.7"E). Hier kann man eine tolle Aussicht genießen. Nun dem Wanderweg in Richtung Sauermöseralm folgen und weiter geradeaus gehen, über eine Almwiese bis zur Stoibenmöseralm (1280 m, 47°41'47.4"N 12°26'39.2"E), von der sich ein herrlicher Blick auf den Chiemsee eröffnet. Die Stoibenmöseralm lockt mit leckeren Almbrotzeiten. Der Weg (47°41'43,9"N 12°26'33,3"E) führt nun geradeaus weiter Richtung Wald, wo es zunächst über eine kur-

ze Holztreppe bergab geht. Für die letzten Meter zum Pfad hinab, benötigen die Vierbeiner eventuell etwas Führungshilfe. Danach geht es immer dem Weg folgend, sämtliche Abzweigungen ignorierend weiter den Berg hinunter Richtung Süden über die Hutzenalm (1015 m, 47°41'12.0"N 12°26'44.3"E) bis zum Ausgangspunkt, dem Parkplatz Birnbach.

Der Taubensee

Der auf 1138 Metern gelegene Taubensee gehört zu den höchstgelegenen Seen Deutschlands. Sein Name stammt übrigens von dem Wort Daupn, was im Tiroler Dialekt für Steinkrebse (rote Liste gefährdeter Tiere) steht. Doch in bis zu 40 Meter tiefen, abflusslosen Gewässer tummeln sich zudem auch Barsche, Hechte, Forellen, Karpfen und Lachse. Außerdem sind Bergmolche, Erdkröten und Frösche hier zu Hause. Genau durch die Mitte des 3,6 Hektar großen Sees, der übrigens auch „Auge des Chiemgaus genannt wird" verläuft die deutsch-österreichische Grenze.

Tipps

- Geübte Wanderer kommen über den Kroatensteig von Schleching aus zum Taubensee.
- Bei Nässe und weniger bergerfahrenen Wanderern empfiehlt sich der einfache, weniger rutschige Abstieg über die Almstraße nordöstlich der Stoibenmöseralm.

Info

🚌	mit der Bahn von München bis zum Bahnhof Prien, weiter mit RVO-Bus 9505 zum Rathaus in Reit im Winkl
🅿	Wanderparkplatz Birnbach
🗺	Topografische Karte Chiemgauer Alpen West – Hochries, Geigelstein (DAV, BY 17)
🍴	Frankenalm/Frankenhof Moserbergweg 48 A-6345 Kössen www.koessen.at/frankenhof Mai – Oktober geöffnet (bei schönem Wetter) ÜN Hunde auf Anfrage erlaubt Hutzenalm Schwarzenberg Tel.: 08640-8910 ganzjährig geöffnet Di. Ruhetag Stoibenmöseralm www.stoibenmoeseralm.de Juni – Oktober täglich geöffnet
🛏	Hotel Gut Steinbach Steinbachweg 10 83242 Reit im Winkl www.gutsteinbach.de ÜN Hund: 15 Euro/Nacht
ℹ	Tourist Information Reit im Winkl Dorfstraße 38 83242 Reit im Winkl Tel.: 08640-80020 www.reit-im-winkl.de
✚	Dipl-TA Stefan Gmeiner Schlechterhöhe 2 A-6345 Kössen Tel.: +43 5375-6348

Bergtraining – grandiose Aussicht – Panorama Wirtshaus

Zum Gipfelkreuz des Dürrnbachhorns

Hundefreundlichkeit: Eine schöne Wanderung, bei der der Vierbeiner dank abwechslungsreicher Wegbeschaffenheit sicherlich viel Spaß hat. Der Anstieg ist sehr sonnig und von daher nichts für heiße Tage. Im gesamten Winklmoosalmgebiet herrscht Anleinpflicht, da hier – wie der Name vermuten lässt – Weidevieh unterwegs ist. Achtung: Die Felswände am Kamm haben steile Abbrüche. Den Hund nicht zu nah an die Kanten lassen – ein lockerer Stein und er stürzt ab!

↔ 8,5 km
◐ 3,5 Std.
↕ 1776 / 1150 m

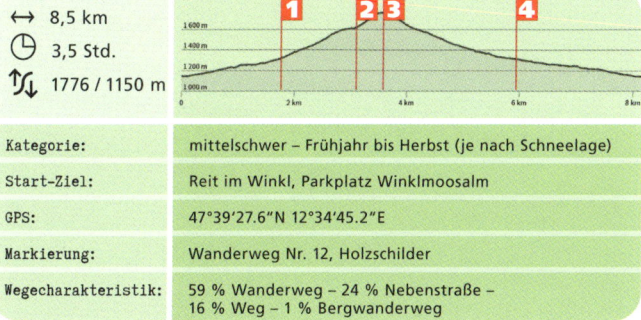

Kategorie:	mittelschwer – Frühjahr bis Herbst (je nach Schneelage)
Start-Ziel:	Reit im Winkl, Parkplatz Winklmoosalm
GPS:	47°39'27.6"N 12°34'45.2"E
Markierung:	Wanderweg Nr. 12, Holzschilder
Wegecharakteristik:	59 % Wanderweg – 24 % Nebenstraße – 16 % Weg – 1 % Bergwanderweg

Vom Parkplatz am Klammweg geht es links zur Busstation. Hier zeigen Wegweiser den Weg Nr. 12 zu den Dürrnbachalmen bzw. zum Dürrnbachhorn an. Es geht zunächst über einen breiten Forstweg bergauf. Nach der Linkskurve die Abzweigung nach rechts nehmen. Wer will, macht noch einen kleinen Abstecher zur ⊙ Kapelle Maria Himmelfahrt. Ansonsten führt der Wanderweg weiter bergauf, an der DAV-Hütte und dem Parkplatz der Sesselbahn vorbei.

Nach der nächsten Rechtskurve geht es links weiter durch den Wald den Berg hinauf, an den **1** Dürrnbachalmen vorbei. Der Fahrweg verwandelt sich bald in einen steilen Pfad, der direkt über die steile Almwiese führt. Das **2** Panorama Bergrestaurant ist kaum mehr zu übersehen. Doch vor der Einkehr kommt nun der schwierigste Teil der Wanderung: Der Weg zum **3** Gipfelkreuz. Steile Stufen und unebene Felsblöcke fordern vom Wanderer wie vom Vierbeiner

TOUR 14

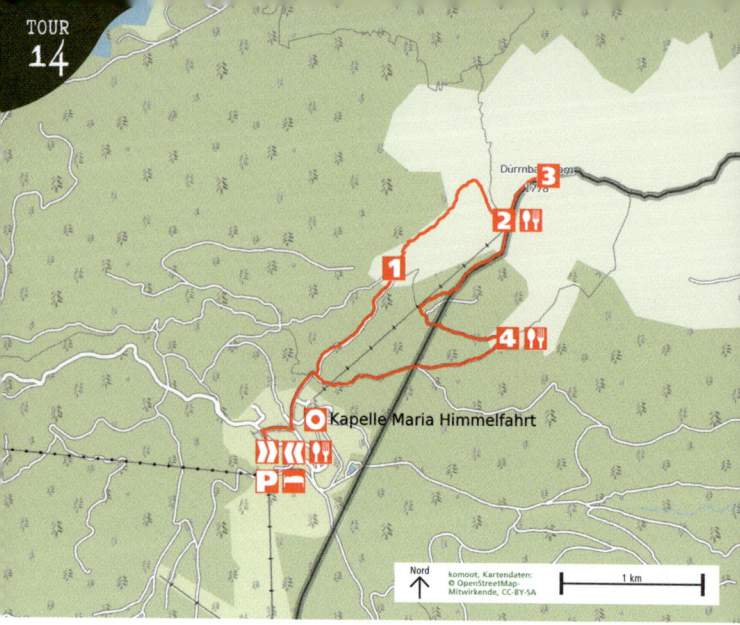

Kondition und Trittsicherheit. Doch die Mühe lohnt: Oben angekommen – das Kreuz liegt auf 1776 Metern – eröffnet sich ein wunderbarer 360-Grad-Panoramablick. Der Abstieg erfolgt über den gleichen Weg zurück zum **2** Panorama Wirtshaus (47°40'12.4"N 12°36'08.7"E).
Nach der Stärkung geht es hinter der Bergstation weiter ins Tal. Der schmale Pfad führt zunächst durch Latschenwälder mehr oder weniger parallel entlang der Sesselbahn hinunter. Doch statt unter der Bahn hindurch zu gehen, führt die Wanderung nun nach links (47°39'51.4"N 12°35'44.2"E) in Richtung **4** Finsterbachalm. Noch einmal locken schöne Ausblicke Richtung Heutal,

Loferer Steinberge und zur Steinplatte. Bald geht es wieder auf einen breiten Forstweg, durch einen schönen Hochwald hindurch bis zum schon bekannten Dürrnbachhornweg. Diesen links folgend ist die Rundtour am Parkplatz Winklmoosalm beendet.

Das Dürrnbachhorn

Der Name des 1776 Meter hohen Dürrnbachhorns stammt vom Ausdruck dürrer Bach: Denn der Dürrnbach führt in der Regel nur wenig Wasser.
Über den Hauptgipfel des Dürrnbachhorns verläuft die bayerisch-österreichische Grenze. Der Gipfelgrat

ist auch gleichzeitig die Wasserscheide zwischen Alz und Salzach.
Vom Grat gibt es eine wundervolle Aussicht in Richtung Weitsee, die Berchtesgadener Alpen, die Chiemgauer Alpen, das Kaisergebirge, die Loferer Steinberge und die Hohen Tauern.

Tipps

- Trittsichere und schwindelfreie Bergwanderer und ebenso geübte Berghunde machen die Gratüberschreitung. Diese belohnt den Mut mit einem wunderschönen Panorama.
  Bei Nässe ist die Gratüberschreitung jedoch nicht zu empfehlen!
- Im Panorama Wirtshaus unbedingt einen der selbstgebrannten Schnäpse probieren.

Info

🚆	mit der Bahn von München bis zum Bahnhof Prien, weiter mit RVO-Bus 9505 zur Tourist Information, mit dem Ortsbus zur Winklmoosalm
🅿	Parkplatz Winklmoosalm
🗺	Topografische Karte Chiemgauer Alpen Mitte – Hochgern, Hochfelln (DAV, BY 18)
🍴	Berggasthaus Almstüberl Klammweg 6 83242 Reit im Winkl www.almstueberl.de täglich geöffnet Panorama Wirtshaus Dürrnbachhorn Dürrnbachhornweg 16 83242 Reit im Winkl www.nostalgiebahn.com täglich geöffnet
🏨	Hotel Alpengasthof Winklmoosalm Dürrnbachhornweg 6 83242 Reit im Winkl www.winklmoosalm.com ÜN Hund: 8 Euro/Nacht Winklmoosalm Hotel Sonnenalm Klammweg 2 83242 Reit im Winkl Tel.: 08640-79720 www.sonnenalm.de ÜN Hund: 5 Euro/Nacht
ℹ	Tourist Information Reit im Winkl Dorfstraße 38 83242 Reit im Winkl Tel.: 08640-80020 www.reit-im-winkl.de
✚	Tierärztliche Gemeinschaftspraxis Zoller Rosengasse 14 83224 Grassau Tel.: 08641-697302

Rücksicht auf die Natur sollte eine Selbstverständlichkeit sein

über Bohlen durch moorige Wiesen – durch geschichtsträchtigen Hochwald – Blick auf Sonntagshorn und Berchtesgadener Alpen

Der Schmugglerweg zum Staubfall

Hundefreundlichkeit: Diese Tour bietet dem Vierbeiner viel Abwechslung: Erst geht es über einen breiten Wanderweg, dann über einen durchgestuften, gesicherten Steig. Unterwegs gibt es Gumpen, die zum Abkühlen einladen. Und zum Schluss fördert der Bohlenweg das Balancegefühl. Zwar ist ein großer Teil des Weges schattig, doch ist diese Wanderung aufgrund der Länge im Sommer nicht zu empfehlen. Da es über Almwiesen sowie entlang eines Naturschutzgebietes geht, muss der Hund gelegentlich angeleint werden bzw. bei Fuß gehen.

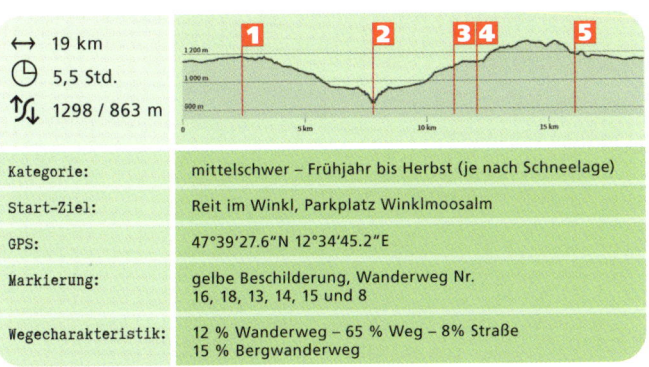

↔ 19 km
⏲ 5,5 Std.
↕ 1298 / 863 m

Kategorie:	mittelschwer – Frühjahr bis Herbst (je nach Schneelage)
Start-Ziel:	Reit im Winkl, Parkplatz Winklmoosalm
GPS:	47°39'27.6"N 12°34'45.2"E
Markierung:	gelbe Beschilderung, Wanderweg Nr. 16, 18, 13, 14, 15 und 8
Wegecharakteristik:	12 % Wanderweg – 65 % Weg – 8% Straße 15 % Bergwanderweg

Vom Parkplatz Winklmoosalm geht es zunächst nach rechts Richtung Sonnenalm und Almstüberl. Durch ein Gatter hindurch wird Weideland betreten. Hunde hier anleinen bzw. bei Fuß gehen lassen! Nun geht es am Winklmooser Weiher rechts vorbei, über den sogenannten „Landweg" (Nr. 16) Richtung Heutal. Rechterhand liegt das Naturschutzgebiet Gernfilzen – hier ist ganzjährig Wegegebot. Kaum merklich überschreitet man bei der Kreuzbrücke den Übergang vom Chiemgau in das Pinzgau. Der breiten Schotterstraße folgend geht es durch einen – ehemals für die Versorgung der Salinen von Reichenhall wichtigen – Hochwald der bayerischen Saalforste bis ins Heutal hinunter. Nur an einer Stelle (47°39'12.5"N 12°36'35.2"E) muss man kurz aufpassen, den ausgeschilderten Weg Richtung Heutal/Staubfall und nicht Moarlack zu

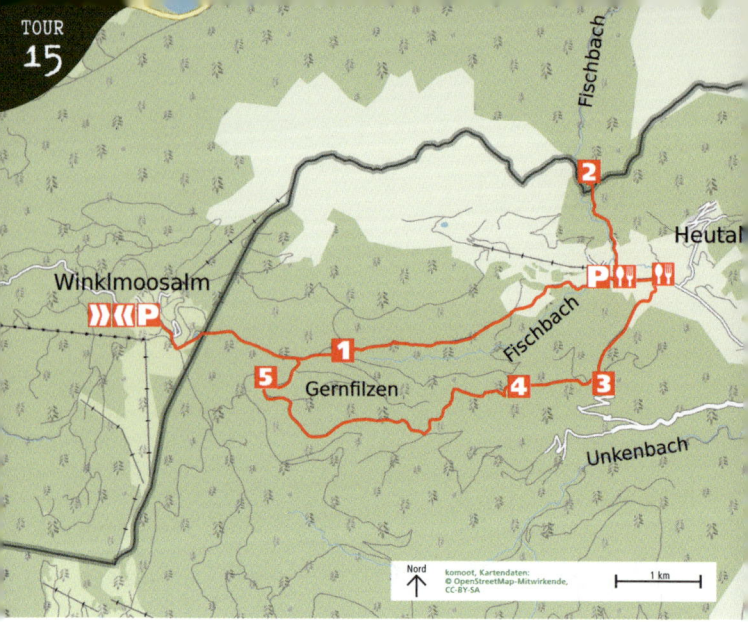

nehmen. Kurz vor dem österreichischen Ort wandelt sich der Schotter in eine Asphaltpiste und gibt die Sicht auf das Sonntagshorn – dem höchsten Berg der Chiemgauer Alpen – frei. Am großen Wanderparkplatz geht es rechts ab und vor dem Heutaler Hof nach links Richtung Staubfall. Ein kleiner Trampelpfad (ehemaliger Schmugglerweg) führt zunächst am Fischbachfall vorbei, bis man zu dem imposanten **2** Staubfall (47°40'14.5"N 12°38'57.6"E) an der deutsch-österreichischen Grenze gelangt. Nach Fotopause und kurzer Rast geht es nun auf dem gleichen Weg zurück, hinter dem Heutaler Hof links vorbei in Richtung Alpengasthof Heutal. Kurz darauf biegt der Wanderweg (Nr. 13) nach rechts ab in Richtung Süden zur **3** Jausenstation Moarlack. An der nächsten größeren Wirtschaftswegekreuzung (47°39'01.7"N 12°39'02.2"E) ist die Gaststätte rechts nicht mehr zu übersehen. Nach ausgiebiger Rast mit Blick auf die Berchtesgadener Alpen und Loferer Steinberge kann direkt von der Sonnenterrasse ein kleiner Pfad Richtung Gföller Mähder (Nr. 14) genommen werden. Auf einer breiten Forststraße dem Weg folgen, an **4** Ochsenbrunn vorbei, bis links ein kleiner Pfad nach Gföller Mähder führt. Sobald der Pfad auf eine breitere Straße trifft, gleich wieder rechts auf die Almwiesen in Richtung Wielandseitenalm abbie-

Idyllisch: Der Winklmooser Weiher

Blick auf die Berchtesgadener Alpen von der Moarlack Alm

gen. Hier ist etwas Pfadfinderkenntnis gefragt, bis man das am Hügel liegende Gatter (47°38'50.1"N 12°37'41.4"E) im Wald findet. Jetzt wird es nochmals spannend: Der mit Holzbohlen ausgelegte Pfad führt über morastiges Gelände, bis er in einen bequemen Waldweg übergeht. Diesem so lange folgen, bis an einer **5** Kreuzung das Schild „Rund-

Tipps

- Wer noch Energie hat und zum Schluss den Winklmoosalm Rundweg links herum wählt, kommt fast an der Muckklause vorbei. Sie war früher ein Stauwehr für den Holztransport und steht heute unter Denkmalschutz.
- Rücksicht auf die Natur: Das Gebiet rund um die Winklmoosalm ist Auerhahnschutzgebiet. Hunde also anleinen!

weg Winklmoosalm" die Qual der Wahl lässt, rechts oder links (etwas länger) herum wieder Richtung Parkplatz zu gehen. Wer die rechte Abzweigung nimmt, trifft bald auf den altbekannten Landweg und geht dort links zum Ausgangspunkt zurück.

Schmugglerweg

Der Weg am Staubfall entlang war früher ein beliebter Schmugglerweg an der Grenze zwischen Deutschland und Österreich. Der Staubfall stürzt 200 Meter tief in den Einschnitt zwischen Dürrnbachhorn (1776 m) und Sonntagshorn (1961 m) ins Fischbachtal. Dank einer Holzüberdachung kann man heute unter dem Staubfall durchgehen, ohne nass zu werden.

Info

🚉	mit der Bahn von München bis zum Bahnhof Prien, weiter mit dem Ortsbus zur Tourist Information in Reit im Winkl
🅿	Parkplatz Winklmoosalm
🗺	Topografische Karte Chiemgauer Alpen Mitte – Hochgern, Hochfelln (DAV, BY 18)
🍴	Jausenstation Moarlack Tel.: +43 6589-8226 Pfingsten – Ende Oktober geöffnet Heutaler Hof Heutal 220/Gfoell 220 A-5091 Unken www.heutaler-hof.at
🛏	Winklmoosalm Hotel Sonnenalm Klammweg 2 83242 Reit im Winkl www.sonnenalm.de täglich geöffnet ÜN Hund: 5 Euro/Tag Hotel Alpengasthof Winklmoosalm Dürrnbachhornweg 6 83242 Reit im Winkl www.winklmoosalm.com ÜN Hund: 8 Euro/Nacht
ℹ	Tourist Information Reit im Winkl Dorfstraße 38 83242 Reit im Winkl Tel.: 08640-80020 www.reit-im-winkl.de
✚	Kleintierpraxis Barbara Enthaler Lanzinger Straße 2 83250 Marquartstein Tel.: 08641-6992005

Im moorigen Gelände sorgen Holzbohlen für trockene Füße

TOUR 16

Löden–, Mitter– und Weitsee – Wandergenuss neben Loipe – sommerliches Plantschvergnügen

Schneegestöber im 3-Seen-Land

Hundefreundlichkeit: Für Hunde ist das Toben im frischen Schnee sicher ein Genuss. Im Winter Rücksicht auf Langläufer und im Sommer Rücksicht auf Badegäste nehmen. Hunde sieht man öfter im Mittersee und an der Lofer baden. An der B 305 sollte der Hund angeleint werden.

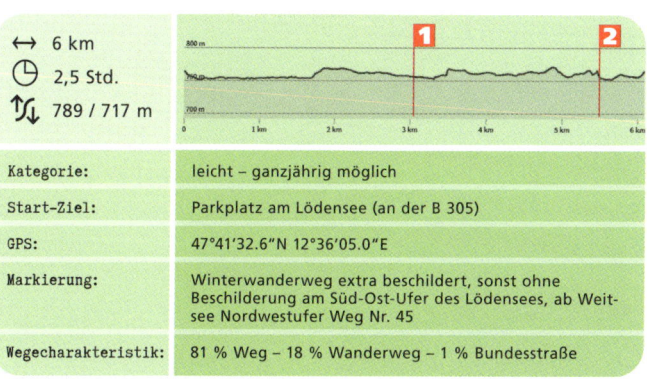

- ↔ 6 km
- ⏲ 2,5 Std.
- ↕ 789 / 717 m

Kategorie:	leicht – ganzjährig möglich
Start-Ziel:	Parkplatz am Lödensee (an der B 305)
GPS:	47°41'32.6"N 12°36'05.0"E
Markierung:	Winterwanderweg extra beschildert, sonst ohne Beschilderung am Süd-Ost-Ufer des Lödensees, ab Weitsee Nordwestufer Weg Nr. 45
Wegecharakteristik:	81 % Weg – 18 % Wanderweg – 1 % Bundesstraße

Vom Wanderparkplatz am Lödensee die B 305 Richtung Lödensee queren, dann links halten und immer am Süd-Ostufer zunächst entlang des Lödensees und dann des Mittersees wandern. Je nach Schneelage kann zwischen dem Lödensee und dem Mittersee oder auch nach dem Mittersee rechts abgebogen und Richtung Nord-Westufer der Seen gegangen werden. Ansonsten weiter geradeaus wandern und nochmals die ⚠ B 305 an der Unterführung überqueren. Nach dem Parkplatz rechts weiter den Rohreckhausgraben überqueren und bei der nächsten Gelegenheit wieder rechts abbiegen. An der nächsten Kreuzung geht es links Richtung Seefischerkaser Diensthütte. Am 1 Weitseeufer wiederum rechts abbiegen Richtung Mittersee. Nun geht es für kurze Zeit an der ⚠ B 305 entlang bis zum Parkplatz Mittersee. Hier nochmals die B 305 überqueren und nun rechts entlang des Nord-Westufers des Mittersees und später Lödensees (Weg Nr. 45) wandern. Am 2 nördlichen Ende des Lödensees

TOUR 16

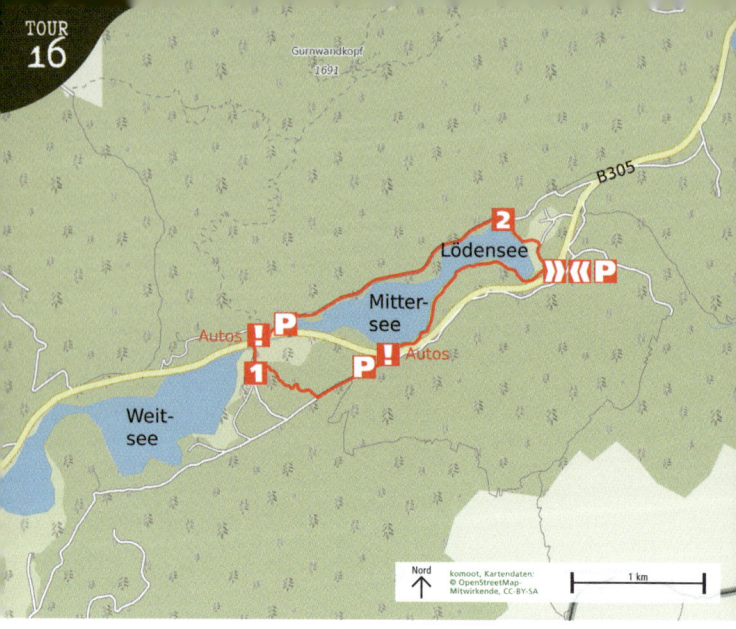

geht es rechts per Brücke über den Langen Sand, an der Lödenalm vorbei und über eine kleine Wiese zurück zum Parkplatz.

Naturschutzgebiet

Obwohl direkt an der B 305 gelegen, gehören die drei malerischen Seen Löder-, Mitter- und Weitsee zu einem Naturschutzgebiet. Dies ist wohl auch der Grund, warum sie als die reinsten Gewässer des Landkreises Traunstein gelten. Nichtsdestotrotz darf im Sommer in den – übrigens wärmsten – Seen Bayerns gebadet werden. Schön ist, dass weder Kioske oder Sprungtürme die idyllische Ruhe an den Ufern stören. Die Seen sind gerahmt von den Gipfeln der Hörndlwand, des Gurnwandkopfes und des Dürrnbachhornes. Aufgrund der Ähnlichkeit zum Ambiente in den Rocky Mountains wird das Gebiet auch liebevoll „Klein Kanada" genannt.

Tipps

- Nach der Wanderung im Gasthaus Seehaus am Förchensee (Förche = Forelle) einkehren und frisch zubereitete Forelle genießen.
- Wer unterwegs rasten möchte, sollte seinen Proviant selbst mitnehmen: Es gibt – außer im Winter – keine Einkehrmöglichkeit auf dieser Wanderung.
- Achtung: Im Frühjahr ist nachts die B 305 zwischen Seehaus und Seegatterl wegen der Krötenwanderung komplett gesperrt.

Fast wie in den Rockys: Berge, Seen und Wald...

Der Winterwanderweg ist gut ausgeschildert

Info

🚍	mit der Bahn von München bis zum Bahnhof Prien, weiter mit RVO-Bus 9505 bis Reit im Winkl, dann RVO-Bus 9506 bis zum Lödensee
🅿	Parkplatz am Lödensee (an der B305)
🗺	Topografische Karte Chiemgauer Alpen Mitte – Hochgern, Hochfelln (DAV, BY 18)
🛏	Gasthof Seehaus Ruhpolding Seehaus 2 83324 Ruhpolding www.seehaus-ruhpolding.de ÜN Hund: 4 Euro/Tag Blickner-Alm Bacherwinkl 10 83324 Ruhpolding www.blickner-alm.de ÜN Hund: kostenlos auf Hunde spezialisiert: Ohne Hund kein Zimmer Gästehaus Haus Berger Zeller Straße 17 83324 Ruhpolding www.berger-ruhpolding.de ÜN Hund: 5 Euro/Tag
ℹ	Tourist Information Reit im Winkl Dorfstraße 38 83242 Reit im Winkl Tel.: 08640-80020 www.reit-im-winkl.de Tourist Information Ruhpolding Hauptstraße 60 83324 Ruhpolding Tel.: 08663-88060 www.ruhpolding.de
✚	Tierarztpraxis Ruhpolding Dr. Anja Meier Zellerstraße 5 83324 Ruhpolding Tel.: 08663-419697

Almhütten – 400-Gipfel-Blick – knieschonende Bergabfahrt

Grandioser Rundumblick vom Hochfelln

Hundefreundlichkeit: Diese Wanderung eignet sich perfekt, um zu Beginn der Saison den Vierbeiner auf längere Bergtouren vorzubereiten. Breite Forststraßen, schmale Pfade und Stufen sorgen für reichlich Abwechslung. Der gemäßigte Anstieg wird später steiler und anstrengender. Ausreichend Wasser mitnehmen, denn der Weg ist größtenteils sehr sonnig. Auf den Almwiesen Hunde anleinen.

↔ 4 km
⏲ 2 Std.
⇅ 1674 / 1074 m

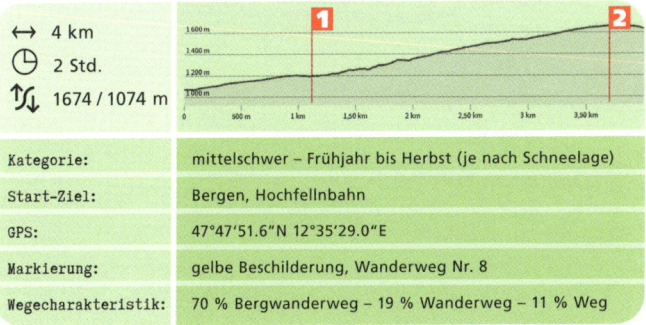

Kategorie:	mittelschwer – Frühjahr bis Herbst (je nach Schneelage)
Start-Ziel:	Bergen, Hochfellnbahn
GPS:	47°47'51.6"N 12°35'29.0"E
Markierung:	gelbe Beschilderung, Wanderweg Nr. 8
Wegecharakteristik:	70 % Bergwanderweg – 19 % Wanderweg – 11 % Weg

Zunächst mit der Bahn zur Mittelstation fahren. Von hier geht es nach rechts, dann durch ein Drehkreuz auf den Weg Nr. 8. Am Anfang führen Stufen, später ein breiter Forstweg zu den drei urigen Almen: Zuerst kommt der Bachschmied-Kaser, dann der Öder-Kaser und schließlich die Bründling-Alm. Nicht nur wegen der Aussicht, sondern auch wegen einer längeren Durststrecke bis zum Gipfel, lohnt sich hier eine kurze Einkehr. Es geht weiter über den Steig nach oben. Der kleine Abstecher zum ersten **1** Gipfelkreuz auf 1221 Metern (47°46'10.8"N 12°33'49.9"E) vermittelt einen ersten Eindruck, welch grandioser Ausblick oben zu erwarten ist. Nun führen Treppen weiter den Berg hinauf. Der Weg wechselt unter der Seilbahn die Seite und schlängelt sich entlang der Tröpfl-wand Richtung Gipfel. Sobald ein Felstor durchschritten ist, geht die Wanderung über einen schönen, dennoch steilen Pfad durch Blumenwiesen. Die letzten Meter führen einige Serpentinen bergauf bis zur **2** Tabor Kapelle (47°45'41.9"N 12°33'33.4"E).

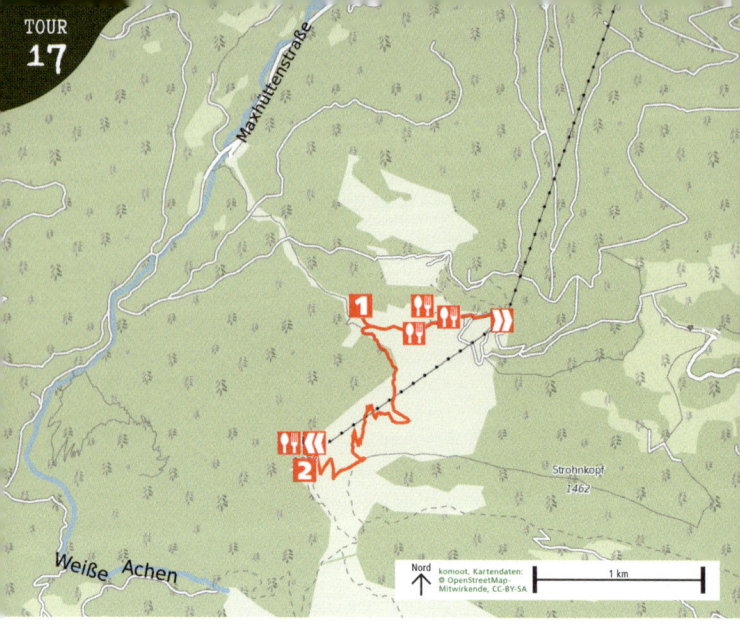

Hier gibt es die nächste tolle Aussicht von den Berchtesgadener Alpen bis zum Kaisergebirge. Dann heißt es jetzt noch den kinderleicht zu meisternden Hochfellngipfel (1674 m) erklimmen, bevor es zur Rast in das höchstgelegene Gasthaus des Chiemgaus geht. Anschließend bringt die Hochfellngondel den müden Wanderer für 15 Euro (Hund: 4 Euro) wieder hinab ins Tal. Trainierte Bergsportler gehen ganz einfach denselben Weg wieder zurück zur Mittel- oder Talstation.

Der Hochfelln

Der 1674 Meter hohe Hochfelln gehört – dank seiner 360-Grad Rundumsicht – zu den schönsten Aussichtsgipfeln des Chiemgaus. An besonders klaren Tagen soll man hier an die 400 Berge zählen können. Der Hochfellngipfel wird von einem sieben Meter hohen, gusseisernen Kreuz geschmückt. Dieses wurde in der Maxhütte gegossen und im Jahre 1886 von 40 Einheimischen auf den Gipfel getragen – zum Gedenken an König Ludwig I. von Bayern.
Die nahegelegene Tabor Kapelle – nach dem Berg Tabor in Galiläa genannt – wurde 1899 eingeweiht. Nach einem Brand wurde sie 1970 wieder aufgebaut.

Hunden bietet die Wanderung auf den Hochfelln unterschiedliche Wegbeschaffenheiten: Vom breiten Forstweg bis zum schmalen Steig

Tipps

- Am Gipfel des Hochfellns den Alpenlehrpfad „Vom Urmeer zum Urlaubsberg" entlang wandeln.
- Ein Jodelseminar auf dem Hochfelln beim Jodelkaiser Josef Ecker aus Bergen buchen.
- Dem Museum Maxhütte einen Besuch abstatten: Es war früher das größte Hüttenwerk der Eisenindustrie. Neben Bauteilen für Salinen wurde hier übrigens das riesige Gipfelkreuz des Hochfellns gefertigt.

Info

🚍 mit der Bahn von München bis zum Bahnhof Bergen, weiter mit RVO-Bus 9514 zur Hochfellnbahn

🅿 Parkplatz Hochfellnbahn (gebührenpflichtig)

🗺 Topografische Karte Chiemgauer Alpen Mitte – Hochgern, Hochfelln (DAV, BY 18)

🍴 Bachschmied Kaser
www.utzmeier-uebersee-hochfelln.de
bei gutem Wetter von Mai - Kirchweihmontag geöffnet

Öderkaser
Tel.: 08662-8468
ganzjährig geöffnet

Bründling-Alm
www.bruendlingalm.de
ganzjährig geöffnet

Hochfellnhaus
www.hochfelln.de
Mai – Oktober geöffnet

🛏 Hotel-Pension Säulner Hof
Hochplattenstraße 1
83346 Bergen
www.saeulnerhof.de
ÜN Hund: 3 Euro/Nacht

ℹ Bergener Hochfelln-Seilbahnen
Maria-Eck-Straße 8
83346 Bergen
Tel.: 08662-8511
www.hochfelln-seilbahnen.de

Tourist Information Bergen
Raiffeisenplatz 4
83346 Bergen
Tel.: 08662-8321
www.bergen-chiemgau.de

✚ Tierarztpraxis
Dr. Ulrich Dittmar
Tannenweg 4
83346 Bergen
Tel.: 08662-5234

malerisches Naturschutzgebiet – Alzfähre – Badespaß am Gasthof Roiter

Ausflug in das Obere Alztal

Hundefreundlichkeit: Zwar gehört das Obere Alztal zu einem Landschaftsschutzgebiet und der Hund sollte angeleint sein, doch finden sich immer wieder Möglichkeiten zum ausgelassenen Herumtollen. Die 13 km lange, sehr sonnige Tour ist jedoch nichts für den Hochsommer. Am Gasthof Roiter können Hunde baden. Aber Vorsicht: Auf die Strömung achten!

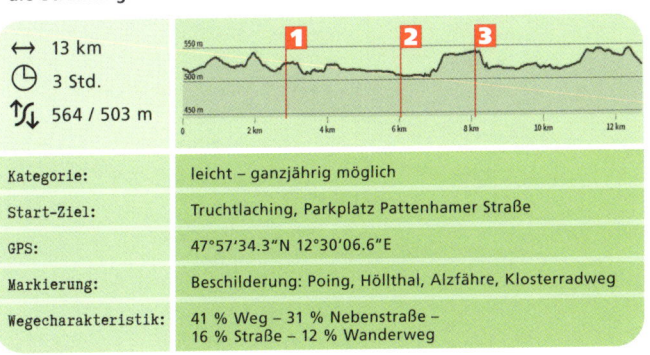

- ↔ 13 km
- ◷ 3 Std.
- ↕ 564 / 503 m

Kategorie:	leicht – ganzjährig möglich
Start-Ziel:	Truchtlaching, Parkplatz Pattenhamer Straße
GPS:	47°57'34.3"N 12°30'06.6"E
Markierung:	Beschilderung: Poing, Höllthal, Alzfähre, Klosterradweg
Wegecharakteristik:	41 % Weg – 31 % Nebenstraße – 16 % Straße – 12 % Wanderweg

Vom Parkplatz in Truchtlaching geht es nach links auf die Seeoner Straße, an der Pfarrkirche und dem Gasthof Neuwirt vorbei und dann nach rechts über die Alz. Nach der Alzbrücke gleich rechts in die Wehrländer Straße einbiegen. Hier die vierte Straße links und sofort wieder rechts Richtung Poing wandern. Nach ein paar Metern wird aus der Straße ein Wanderweg. Mit Blick auf die Alz und die Alzauen geht es auf einer kleinen Anhöhe Richtung Poing. Kurz nach **1** Apperting macht der Weg eine langgezogene Rechtskurve ins Landesinnere und trifft bald wieder auf die Alz. Die Wanderung führt weiter geradeaus Richtung Osten, durch den Weiler Höllthal und entlang der Höllthalmühle bis nach **2** Wies. Hier geht es nun an einer T-Kreuzung nach rechts in Richtung Garsch. Am Gasthof Roiter ist ca. die Hälfte der Wanderung geschafft. Direkt an der Alz gelegen, gibt es hier jede Menge zu entdecken – eine Einkehr in dem hundefreundlichen Gasthof lohnt sich auf jeden Fall. Da auf dem Hof viele an-

TOUR 18

dere Tiere gehalten werden, sollte der Hund unbedingt angeleint werden. An dieser Stelle der Alz sieht man übrigens oft Menschen und Hunde gemeinsam baden. Nach der Stärkung wird es spannend: Die traditionelle, von der Strömung sowie manuell betriebene Alzfähre bringt den Wanderer auf die andere Uferseite (47°59'16.9"N 12°31'15.2"E) nach Garsch. Die Überfahrt ist kostenlos, doch der junge Fährmann freut sich sicherlich über ein kleines Trinkgeld.

Auf der Ostseite der Alz führt die Wanderung gen Süden, also nach rechts. Es geht an der belebten Chiemseestraße entlang durch den Ort **3** Offling bis zur Straße Niesgau. Hier rechts gen Westen zum Alztal hinunter abbiegen und in den gleichnamigen Ort wandern. In Niesgau kann man entweder an der Alz entlang einen kleinen Bogen laufen oder weiter über die Straße Niesgau den Weg etwas abkürzen. Sobald die Route wieder auf die Alz trifft, geht es den Fluss links entlang bis zur St 2093 (Chiemseestraße). Dieser ein kurzes Stück nach rechts folgen, dann die **!** Straße überqueren und geradeaus den Waldweg Richtung Ebering nehmen. An der nächsten Wegkreuzung nochmals rechts halten und zurück nach Truchtlaching zum Parkplatz wandern oder in der bekannten Brauerei Camba Bavaria einkehren.

Die Alz: Ein Landschaftsschutzgebiet mit besonderer Flora und Fauna

TOUR 18

Ob Boote, Badende oder Hunde: An der Alz hat jeder seinen Spaß

Das Obere Alztal

Das Obere Alztal gehört zum 929 Hektar großen Landschaftsschutzgebiet, welches von Seeon bis kurz vor Trostberg reicht. Hier blühen im Frühjahr zum Beispiel die Sibirische Schwertlilie sowie verschiedene Orchideenarten. Die idyllische Flusslandschaft mäandert sich durch Streuwiesen, Röhrrichtbestände sowie Sand- und Kiesbänke. Die 50 Kilometer lange Alz ist übrigens der einzige Abfluss des Chiemsees.

Bei den Einheimischen sehr beliebt ist das Alzbad: Dabei lässt man sich im warmen Wasser der Alz an den Ufern entlang treiben und verlässt den Fluss, noch bevor er die gefährlichen Wehre erreicht. Weiteres Highlight: Ab dem 1. Juli – nach der Brutzeit – darf die Alz von Seebruck bis nach Altenmarkt auch mit Booten befahren werden.

Tipps

- In der Brauerei Camba Bavaria eine der an die 40 Biersorten probieren.
- Für Kulturinteressierte lohnt sich die Besichtigung von drei Stationen eines archäologischen Rundwegs: die frühmittelalterliche Fluchtburg an der Alz, die Keltenschanze Truchtlaching und die Nachbildung des keltischen Gehöfts Stöffling. Mehr Informationen unter: www.roemermuseum-bedaium.byseum.de

Info

🚆	mit der Bahn von München bis zum Bahnhof Traunstein, weiter mit RVO-Bus 9522 bis Truchtlaching Alz-Brücke
🅿	Truchtlaching, Parkplatz Pattenhamer Straße
🗺	Wanderkarte Chiemsee, Chiemgauer Alpen (UK 50-54), 1:50000 (Landesamt für Vermessung und Geoinformation, Bayern)
🍴	Camba Bavaria 1. Privatbrauerei Truchtlaching Mühlweg 2 83376 Truchtlaching www.cambabavaria.de So. Ruhetag Gasthaus Roiter Roit 1 83352 Altenmarkt a.d.Alz www.gasthaus-roiter.de Mo./Di. Ruhetag
🛏	Gut Ising Chiemsee Kirchberg 3 83339 Chieming/Ising www.gut-ising.de ÜN Hund: 15,50 Euro/Nacht
ℹ	Tourist Information Seebruck Am Anger 1 83358 Seebruck Tel.: 08667-7139 www.seeon-seebruck.de Tourist Information Hauptstraße 21 83352 Altenmarkt a.d.Alz Tel.: 08621-98450 www.altenmarkt.de
✚	Tierärztliche Gemeinschaftspraxis Marktplatz 18 a 83352 Altenmarkt Tel.: 08621-2374

Das Berchtesgadener Land

Milchprodukte aus dem Berchtesgadener Land – wer kennt sie nicht? Das rote Logo auf grünem Hintergrund wird assoziiert mit echter Milch von gesunden Kühen, die glücklich auf grasgrünen Almen leben. Und wer das Berchtesgadener Land bereist, kann sich gut vorstellen, dass hier die Welt tatsächlich noch in Ordnung ist: Denn circa ein Drittel der Region fallen in den Nationalpark Berchtesgaden. Zudem ist der gesamte Landkreis als schützenswerte Biosphärenregion ausgewiesen.

Schon ab Zwing, die Berg-Enge, die den Chiemgau vom Berchtesgadener Land trennt, zeigt sich der Prototyp einer bayerischen Alpenidylle. Liebevoll mit Geranien geschmückte Bauernhäuser, klassisch bayerische Holzschnitzereien, Schluchten, Klammen und kristallklare Flüsse weisen den Weg in eine fast unberührte Berglandschaft. Hier locken saftige Almwiesen, die klare Alpenluft und vor allem auch die mächtigen Berchtesgadener Alpen – darunter der legendäre Watzmann – im Sommer wie im Winter Touristenströme an.

Mit Kuhglockengeläut dem Stress des Alltags entfliehen und dabei die anspruchsvollsten Berge Deutschlands bestaunen oder gar erklimmen, das ist Erholung pur. Nicht zuletzt gilt auch der malerische Königssee als ein „Must-have-seen" für Urlauber aus aller Welt.

Fast könnte man meinen, dass so viel Anziehungskraft die Naturidylle durch Menschenmassen zerstört. Doch keine Sorge: Nach nur wenigen Höhenmetern trennt sich die Spreu vom Weizen. Bis auf die klassischen Ausflugsberge mit unsportlichem Gondellift, sind auf den anderen Gipfeln nur noch Bergsportler zu finden.

Besonders faszinierend ist der 210 Quadratkilometer große Nationalpark Berchtesgaden. Mit einem Wegenetz von 260 Kilometern Länge bietet er scheinbar grenzenlose Möglichkeiten an. Somit gehört er ohne Frage in ein Wanderbuch hinein. Hundebesitzer werden um besondere Rücksicht gebeten: Zum Schutze der wildlebenden Tiere gilt Anleinpflicht! Zuwiderhandlungen können mit hohen Bußgeldern belegt werden. Da im Park zudem zahlreiche Kreuzottern vorkommen, dient die Leine auch als Schutz für den Hund. Und: Gerade in den oberen Bereichen ist die Landschaft so verkarstet, dass kein Wasser zu finden ist. Schattenspendende Bäume sucht man hier ebenfalls vergeblich. Auch lässt die steinige Bodenbeschaffenheit so manch eine Hundepfote leiden. Was des Menschen Freud ist des ungeübten Hundes Leid! Doch zum Glück bietet das Berchtesgadener Land noch reichlich weitere Wanderalternativen. Klammen und Schluchten, Eishöhlen und Badeseen locken mit erfrischendem Plantschvergnügen. Manchmal reicht aber auch einfach nur eine Wanderung durch die liebliche Natur, auf eine schöne Alm und herrliche Aussichtsberge, wie zum Beispiel die Kneifelspitze, um einen unvergesslichen Tag zu erleben.

Schon seit Jahrtausenden ist das Berchtesgadener Land durch die Salzgewinnung geprägt. Im Mittelpunkt des Mineralienabbaus steht der bekannte Ort Bad Reichenhall mit seinem gleichnamigen Salz-Produkt. Von hier aus wurde seit jeher das weiße Gold innerhalb Süddeutschlands, dem östlichen Mitteleuropa bis in die Schweiz geliefert. So findet man auf vielen Wanderungen – sogar bis in den Chiemgau und Pinzgau hinein – Spuren des lukrativen Salzabbaus. Dazu gehören wieder aufgeforstete Bergwälder der Bayerischen Staatsforste, ehemalige Holztrifte an Klammen und in Schluchten, Salinen, Salzbergwerke und natürlich die Samerwege. Samer (Säumer) waren die ersten Spediteure der Alpen, die per Maulesel, Ochse oder Pferd Salz und Wein über die Alpen transportierten und dabei die heute idyllischen Saumpfade anlegten.

Wer sich für weitere Besonderheiten des Berchtesgadener Landes interessiert, sollte sich die Lektüre des Buches „111 Orte im Berchtesgadener Land, die man gesehen haben muss" (emons Verlag) gönnen – hier stehen selbst für Einheimische interessante Besonderheiten drin. Weitere Informationen gibt es natürlich auch bei der Berchtesgadener Land Tourismus GmbH (www.berchtesgadener-land.com).

Legendärer Kaiserschmarrn – herrlicher Ausblick – Wildbeer- und Pilzparadies

Auf einsamen Pfaden zum Teisenberg

Hundefreundlichkeit: Für Hunde ist diese schattige und wasserreiche Route ein toller Abenteuerspielplatz. Vor allem der Weg über den Steig sorgt für viel Abwechslung mit Bohlen, Gumpen, Wurzeln und kleinen Hindernissen. Nur an der Almwiese sollte der Hund angeleint werden oder bei Fuß gehen, so dass sich die Kühe nicht gestört fühlen. Hunde dürfen nicht in den Gastrobereich der Alm, können aber zumindest unter der Treppe zu den Schlafräumen angeleint Unterschlupf finden.

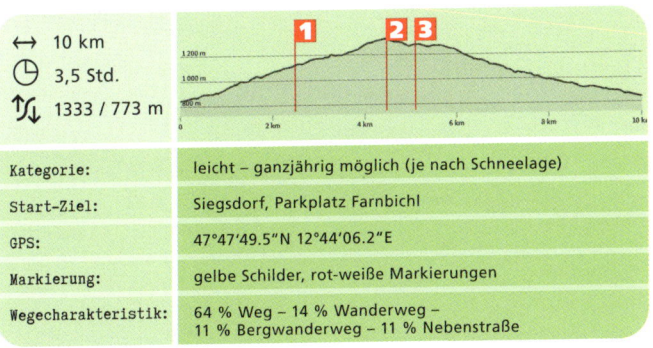

↔ 10 km
🕓 3,5 Std.
↕ 1333 / 773 m

Kategorie:	leicht – ganzjährig möglich (je nach Schneelage)
Start-Ziel:	Siegsdorf, Parkplatz Farnbichl
GPS:	47°47'49.5"N 12°44'06.2"E
Markierung:	gelbe Schilder, rot-weiße Markierungen
Wegecharakteristik:	64 % Weg – 14 % Wanderweg – 11 % Bergwanderweg – 11 % Nebenstraße

Am Parkplatz Farnbichl geht es zunächst gen Norden den Berg hinauf. Nach wenigen Metern trifft der Weg auf den Forstweg vom Parkplatz Mühlgraben. Hier dem Weg weiter nach rechts den Berg hinauf folgen. Wer auf Nummer sicher gehen will, bleibt nun auf dem Forstweg. Etwas mehr Spaß macht der Wirtschaftsweg, der nach einer scharfen Rechtskurve links in den Wald hineinführt. Nun ist etwas Pfadfindergeschick gefragt, denn einige gefällte Bäume, matschige Stellen am Kassgraben und mit Bohlen ausgelegte Wege machen das Gehen etwas mühsam. Zwischendrin kann man einen Blick auf die breite Forststraße, die ebenfalls zur Stoißer Alm führt, erhaschen. Es geht weiter den Berg hinauf, bis der Pfad wieder auf einen breiten Schotterweg trifft. Diesen nach links folgen und zu den beiden sogenannten Silberseen an der **1** Holzer Hütte wandern. Noch

TOUR 19

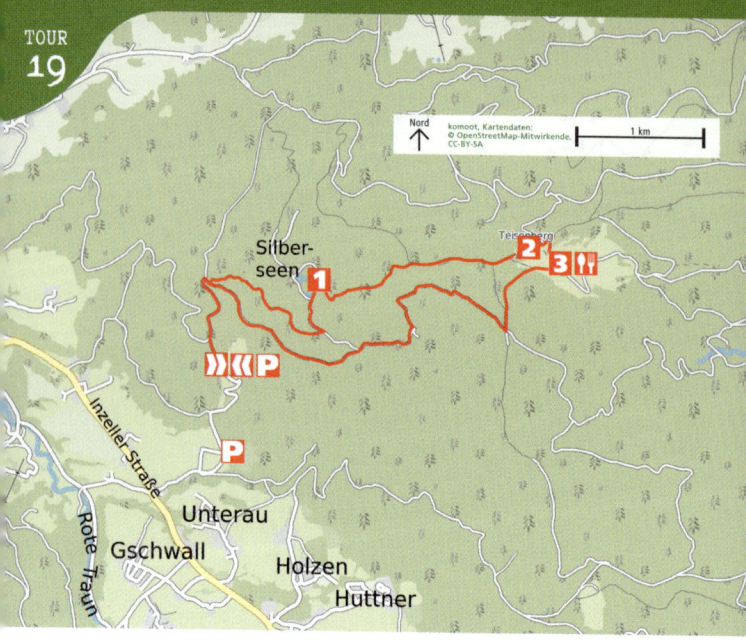

vor dem ersten See biegt der Alm-Steig rechts ab in Richtung Gipfelkreuz. Doch bis dahin ist wieder Pfadfindergeschick gefragt. Im Prinzip muss man dem Alm-Steig nur immer weiter bergauf und geradeaus folgen. An der Wegekreuzung Stoißer Alm über Kachelstein (47°48'15,3"N 12°45'20,0"E) links halten. Auch die nächste Wegkreuzung in Richtung Teisenberg Gipfel führt nach links. Es lohnt sich am bewaldeten 2 Gipfel des Teisenbergs (47°48'21.2"N 12°46'05.3"E) herumzulaufen: Denn je nach Standort hat man einen tollen Ausblick auf den Chiemsee sowie das gesamte Alpenvorland bis hin zu den Berchtesgadener und Salzburger Alpen. Auch ist die Stoißer Alm schon zu sehen. Über die Almwiese geht es hinab, an der 3 „Kapelle Maria auf den Almen" vorbei. Mit viel Glück darf man hier eine Messe zwischen Kühen und Altar erleben. An der gut besuchten Alm (47°48'13.8"N 12°46'17.8"E) gibt es nochmals einen herrlichen Blick. Gut gestärkt geht es nun hinter der Stoißer Alm auf einen kleinen Bergweg Richtung Hammer. Sobald der Weg auf die Forststraße trifft (47°47'59.5"N 12°45'55.8"E), dieser rechts und dann immer geradeaus Richtung Westen folgen, bis man wieder auf den altbekannten Weg kommt, der bis zum Parkplatz hinunter führt.

Der Teisenberg

Der Teisenberg ist der nördlichste 1000er der deutschen Alpen. Zwar hat er mit seinem Mischwald den Charakter eines Mittelgebirges, doch vom Gipfel aus ist seine alpine Lage dank der umliegenden Berge nicht mehr zu leugnen. So sind von hier die Berchtesgadener Alpen zu erkennen. Auf der anderen Seite liegt einem das Voralpenland zu Füßen. Bei gutem Wetter sind sogar Salzburg und der Bayerische Wald zu sehen.

Tipps

- Viele Wege führen auf den Teisenberg – der perfekte Berg, um im Frühjahr die Bergtauglichkeit für Hund und Besitzer zu trainieren.
- Unbedingt den berühmten Kaiserschmarrn auf der Stoißer Alm probieren – er ist wirklich legendär!
- Der Teisenberg ist für sein Eisenerzvorkommen bekannt. Im Bergbaumuseum Achthal gibt es einen Schaustollen sowie hochwertige Handwerksarbeiten aus Eisen zu bewundern.

Info

🚆	mit der Bahn von München bis zum Bahnhof Traunstein, weiter mit RVO-Bus 9526 bis Siegsdorf/Hammer
🅿	Parkplatz Farnbichl
🗺	Topografische Karte Chiemgauer Alpen Ost – Sonntagshorn (DAV, BY 19)
🍴	Stoisser Alm Teisenberg www.stoisseralm.de Mai – Oktober geöffnet
🛏	Gasthof Forelle Traunsteiner Straße 1 83313 Siegsdorf www.forelle-siegsdorf.de ÜN Hund: kostenlos

Gästehaus am Schmelzerbach Schmelzerstraße 101 83334 Inzell www.ferienwohnung-schmelzerbach.de ÜN Hund: 5 Euro/Nacht |
| ℹ | Inzeller Touristik GmbH Rathausplatz 5 83334 Inzell Tel.: 08665-98850 www.inzell.de

Tourismus Teisendorf Poststrasse 14 83317 Teisendorf Tel.: 08666-295 www.teisendorf.de |
| ✚ | TA Dr. Lutz Dörner Rauschbergstraße 1 83313 Siegsdorf Tel.: 08662-12321 |

Almandacht mit Kuhglockengeläut

TOUR 20

Panoramatour – Kulturdenkmäler – Gaststättenstopps

Über den Bergrücken des Högls

Hundefreundlichkeit: Der Högler Rundweg ist für Hunde eine schöne, abwechslungsreiche Tour mit gelegentlichem Badespaß. Ein großer Teil der Route führt durch schattigen Wald, so dass sie auch für wärmere Tage geeignet ist. Es geht teilweise durch ein Jagdgebiet, an dem der Hund angeleint werden muss – Beschilderung beachten!

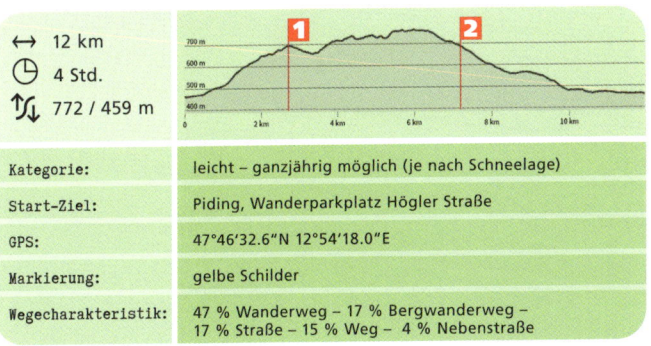

↔ 12 km
⏲ 4 Std.
↕ 772 / 459 m

Kategorie:	leicht – ganzjährig möglich (je nach Schneelage)
Start-Ziel:	Piding, Wanderparkplatz Högler Straße
GPS:	47°46'32.6"N 12°54'18.0"E
Markierung:	gelbe Schilder
Wegecharakteristik:	47 % Wanderweg – 17 % Bergwanderweg – 17 % Straße – 15 % Weg – 4 % Nebenstraße

Am Wanderparkplatz die Högler Straße (BGL 7) überqueren, kurz links und sofort rechts auf den asphaltierten Panoramaweg Richtung Johannishögl wandern. An der zweiten Möglichkeit, nach knapp 250 Metern, links auf einen schmalen Pfad Richtung Johannishögl abbiegen. Kurz darauf geht es am Schwaigerbachl entlang durch den Wald immer weiter bergauf. Bei der ersten Kreuzung mit der Fahrstraße nach Hammerau einfach geradeaus dem Steig weiter folgen. Erst bei der nächsten T-Kreuzung (47°47'05.2"N 12°54'57.5"E) den Fahrweg Richtung Johannishögl nach rechts nehmen. Es geht an einem Bauernhof vorbei. Dem Fahrweg bis zur Gaststätte Johannishögl folgen. Unterwegs steht linkerhand die hübsche **1** Johanniskapelle, die zur Kirche „St. Johannes der Täufer" von Johannishögl gehört. An der Gaststätte Johannishögl kann schon die erste Einkehr gemacht werden. Zumindest lohnt der Blick in die Kirche (47°47'31.9"N 12°55'24.2"E) des Weilers. Der Weg Richtung Neubichler Alm/Strobl Alm führt zwi-

TOUR 20

schen Gasthaus und Kirche geradeaus weiter. Wer nicht in der Neubichler Alm einkehren möchte, lässt den Weiler Neubichl rechts liegen und folgt dem Wanderweg weiter. Kurz nach der Ortschaft führt an der Kreuzung mit der Straße Neubichel ein Waldweg zur Strobl Alm. Es geht am sehenswerten Högler Steinbruch sowie am Haasn Taferl vorbei. An der nächsten T-Kreuzung den Waldweg nach rechts auf die Bannhöglstraße verlassen und der Beschilderung zur Stroblalm folgen. Nochmals folgt eine T-Kreuzung, wobei nun links in die Stroblalmstraße abgebogen wird. An der Stroblalm (47°48'18.1"N 12°53'52.5"E) ist ungefähr die Hälfte der Strecke erreicht und eine Rast wohlverdient. Von der Südterrasse der Gaststätte gibt es einen herrlichen Blick auf die Berchtesgadener Alpen.
Nach ausgiebiger Pause geht es nun über die Stroblalmstraße bis zum nächsten Weiler. Hier in der scharfen 2 Linkskurve (47°48'07.7"N 12°53'21.8"E) rechts den Pfad durch den Wald nehmen und immer links halten. Nochmals wird die Höglstraße überquert. Der Weg führt knapp 750 Meter durch den Wald weiter bis auf die Prastinger Straße. Dieser nach rechts bis zum nächsten Weiler folgen. Wer noch Kraft hat, wandert auf der Prastinger Straße bis nach Moosbacherau. Ansonsten geht es links ab und immer weiter

Bergidylle an der Stroblalm

Wer will, läuft nur über breite Fahrwege auf den Högl

geradeaus zunächst an einem Feld entlang, dann durch den Wald Richtung Jechling. Auf dem Weg lohnt ein kleiner Badeabstecher nach links zum 🅾 Fallgraben. Ansonsten geht es immer weiter durch den Wald geradeaus, über schmale Pfade bis nach Jechling auf die Fallgrabenstraße. Nun dem Weg links, am Gasthaus Sonnenhang vorbei, folgen. Bei der nächsten Möglichkeit geht es zunächst rechts (47°46'57.4"N 12°53'18.9"E) und dann sofort wieder links herum – am Exelbach entlang – zurück zum Parkplatz.

Der Högl

Unscheinbar liegt der Bergrücken des Högls im Berchtesgadener Land. Dabei beinhaltet er einen interessanten Rohstoff: Den Högler Sandstein. Sein blaugraues Innenleben ist besonders hart. Deshalb wurde er früher vor allem als Schleifstein sowie für Tür- und Fensterstöcke in Städte wie Wien, Salzburg, Budapest und München geliefert.

Tipps

- Unbedingt einen Blick in die Kirche „Johannes der Täufer" in Johannishögl werfen: Sie birgt einige besondere Kunstschätze.
- Wer noch Zeit hat, besucht in Piding die verschiedenen Fabrikoutlets.

Info

🇭 mit der Bahn von München nach Freilassing, weiter mit der S3 und RVO-Bus 2 zum Petersplatz in Piding

🅿 Wanderparkplatz Högler Straße

🗺 Topografische Karte Chiemgauer Alpen Ost – Sonntagshorn (DAV, BY 19)

🍴 Berggasthof Johannishögl
Johannishögl 3
83451 Piding
www.berggasthof-johannishoegl.de
Mo. Ruhetag

Berggasthof Stroblalm
Stroblalmstraße 14
83454 Anger
www.stroblalm.de
Mi./Sa. Ruhetag

Gasthaus Sonnenhang
Fallgrabenstraße 28
83454 Anger
www.gasthaus-sonnenhang.de
Di. Ruhetag

🛏 Familienparadies
Neubichler-Alm
Neubichel 5-6
83451 Piding
www.neubichler-alm.com
ÜN Hund: 7 Euro/Tag

ℹ Tourist Information Piding
Petersplatz 2
83451 Piding
Tel.: 08651-3860
www.piding.de

➕ Tierärztliche Gemeinschaftspraxis Staufeneck
Heurungstraße 10
83457 Piding
Tel.: 8651-78878
www.tierarzt-piding.de

TOUR
21

höchster Gipfel des Staufenmassivs – traumhafte Ausblicke – neue Routenführung

Zwiesel und Zenokopf

Hundefreundlichkeit: Ob Steig oder Pfad – die Wanderung bietet für jeden Hund den passenden Weg. Aufgrund der Länge ist die Tour aber nur etwas für trainierte Hunde. Alternativ kann man auch einfach nur bis zum Zwieselhaus gehen. Bitte genügend Wasser mitnehmen! Unterwegs gibt es kaum Möglichkeiten zur Erfrischung.

↔ 14 km
🕓 5,5 Std.
↕ 1782 / 578 m

Kategorie:	mittelschwer – Frühjahr bis Herbst (je nach Schneelage)
Start-Ziel:	Nonn, Parkplatz Listseestraße
GPS:	47°44'11.1"N 12°50'28.2"E
Markierung:	gelbe Beschilderung
Wegecharakteristik:	62 % Bergwanderweg – 38 % Wanderweg

Vom Parkplatz geht es zunächst Richtung Listsee, an dem die Straße eine Linkskurve macht. Die Wanderung führt aber geradeaus auf einen Bergweg, der rechts am See entlang läuft. Bei mäßiger Steigung geht es nun bis zur **1** Brunnenanlage (47°44'11.3"N 12°50'02.9"E). Diese rechts liegen lassen und dem neu angelegten Pfad weiter folgen. An einer alten Gablung (47°44'12.4"N 12°49'51.3"E) weiter geradeaus wandern. Nach wenigen Metern trifft der Pfad auf eine neu angelegte Forststraße (47°44'14.0"N 12°49'48.8"E). Hier geht es geradeaus weiter. Auch bei der nächsten Wegegablung weiter geradeaus den Berg hinauf wandern (47°44'25.9"N 12°49'28.5"E). Erst bei der darauffolgenden Weggabelung nach rechts (47°44'28.8"N 12°49'08.9"E) auf einen Forstweg und **2** kurz darauf wieder rechts hinauf auf einen Pfad gehen. Bis die Wanderung in vielen Serpentinen – dem sogenannten Mulisteig – links und später über einen Höhenweg hinauf bis zur **3** bewirtschafteten Almhütte führt.

Wer noch fit ist, lässt die Alm rechts liegen, wandert vorbei an Latschenkiefern bis zum Gipfel des Zenokopfes. Hier führt der Weg links am Berggrat entlang bis zum **4** Gipfelkreuz des Zwiesels.

TOUR 21

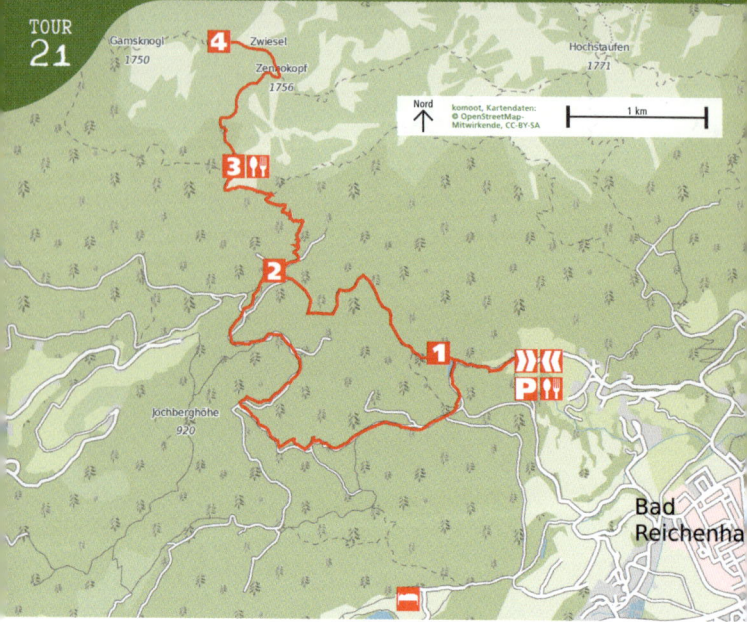

Vom Zwiesel gibt es eine wunderbare Aussicht auf das Hochkaltermassiv, den Watzmann, den Untersberg, auf den Chiemgau, das Salzkammergut sowie auf das Salzburger Becken. Der Abstieg erfolgt auf dem Anstiegsweg oder über die Forststraße.

Der Zwiesel

Der 1782 Meter hohe Zwiesel ist der höchste Gipfel des nordwestlich von Bad Reichenhall gelegenen Gebirgsstocks Staufen. Zusammen mit dem vorgelagerten Zenokopf (1756 m) und dem Gamsknogl (1750 m) gehört er zum Hinterstaufen.
Die privat geführte Zwieselalm (1386 m, Schutzhütte) sowie das Kaiser-Wilhelm-Haus (Unterkunft) sind nur zu Fuß erreichbar und werden von daher im Sommer von der Bundeswehr mit Nahrungsmitteln versorgt. Von der Zwieselalm gibt es einen herrlichen Rundumblick auf das Ristfeuchthorn, die Reiteralpe, den Hochkalter, die Watzmannfamilie, den Hohen Göll u.v.m. An der Zwieselalm führt übrigens der Maximiliansweg, Weitwanderweg Königssee-Bodensee, vorbei.

Tipp

Nach der Wanderung im Café Reber entspannen und die leckeren Köstlichkeiten genießen. Ludwigstraße 10-12, 83435 Bad Reichenhall

Der Weg über den Steig erfordert etwas Trittsicherheit

Früher haben die Mulis der Kaserne den Proviant zur Zwieselalm und das Kaiser Wilhelm-Haus gebracht

Info

🚍	mit der Bahn von München nach Bad Reichenhall, weiter mit dem City-Bus 2 nach Karlstein
🅿	Parkplatz Listseestraße, Nonn
🗺	Topografische Karte Chiemgauer Alpen Ost – Sonntagshorn (DAV, BY 19)
🍴	Listwirt Nonn 111 83435 Bad Reichenhall Tel.: 08651-62400 Zwieselalm Tel.: 08651-3107 je nach Witterung von Mai – Oktober geöffnet
🛏	Pension Hubertus Am Thumsee 5 83435 Bad Reichenhall www.hubertus-thumsee.de ÜN Hund: 8 Euro/Nacht Amber Residenz Bavaria Am Münster 3 83435 Bad Reichenhall www.amber-hotels.de ÜN Hund: 7 Euro/Nacht Fuchs-Hotels Frühlingsstraße 12 83435 Bad Reichenhall www.fuchs-hotels.de ÜN Hund: 10 Euro gesamt
ℹ	Tourist Info Bad Reichenhall Wittelsbacherstraße 15 83435 Bad Reichenhall Tel.: 8651-606-0 www.bad-reichenhall.com
✚	Kleintierpraxis Bad Reichenhall Bahnhofstraße 9 83435 Bad Reichenhall Tel.: 08651-765555

TOUR 22

ehemalige Holztrifte und Waldbahn – urige Almen
– Badevergnügen

Historische 3-Almen-Wanderung

Hundefreundlichkeit: Diese Tour ist für jeden Hund ein Vergnügen: Ob Weißbach, Schwarzache, Hientalklause oder einer der vielen Bergbäche – unterwegs lädt jede Menge Wasser zum Baden ein. Der abwechslungsreiche Weg trainiert das Laufen auf jedem Untergrund. Und das ohne Anstrengung: Denn es wird niemals so richtig steil. Außerdem liegt ein großer Teil der Strecke im Schatten.

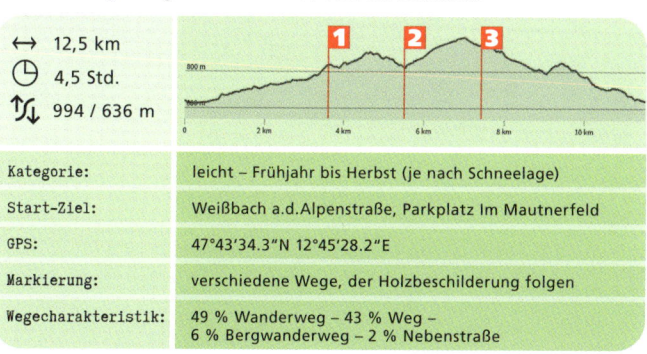

↔ 12,5 km
⏱ 4,5 Std.
↕ 994 / 636 m

Kategorie:	leicht – Frühjahr bis Herbst (je nach Schneelage)
Start-Ziel:	Weißbach a.d.Alpenstraße, Parkplatz Im Mautnerfeld
GPS:	47°43'34.3"N 12°45'28.2"E
Markierung:	verschiedene Wege, der Holzbeschilderung folgen
Wegecharakteristik:	49 % Wanderweg – 43 % Weg – 6 % Bergwanderweg – 2 % Nebenstraße

Vom Parkplatz geht es über die Reiterbrücke und dann gleich nach rechts Richtung Kaitl/Harbach/Bichleralm. Nach wenigen Metern macht der Weg eine Linkskurve und führt in einer leichten Steigung an der Klamm der Vorderen Schwarzachen entlang. Im Frühsommer kann dieser Teil der Strecke recht abenteuerlich werden: Hier muss dann die ein oder andere Lawine überstiegen werden. Der idyllische Weg verläuft über die Trasse einer ehemaligen Waldbahn. Die Querbalken der Spur sind noch zu sehen, die Gleise wurden jedoch abgetragen. An einer Stelle führt die Wanderung sogar kurzzeitig durch einen Felstunnel.

Den ersten schönen Rastplatz gibt es an der Bäckingerklause. Hier trifft der Wanderweg auf die Forststraße und wird breiter. Bei nächster Gelegenheit geht es rechts etwas steiler den Berg hoch. In circa 10 Minuten ist die 1 Harbachalm erreicht.

Zur Bichleralm geht es ab hier nach 100 Metern links rein. Da sie etwas abseits liegt, ist sie oft weniger besucht. Kurz vor der Alm zweigt der Wanderweg zur Hiental-

TOUR 22

klause links ab in eine Senke, führt über einen Bach und den Berg hinauf durch einen Mischwald bis zu einer Forststraße. Hier geht es dann links weiter. Noch einmal wird links abgebogen. Jetzt verläuft der Weg nach rechts über einen Holzsteg, dann wieder leicht bergauf. Nach einer Rechtskurve geht es nun steil zur 2 Hientalklause hinunter. Hier ist ein schöner Picknickplatz angelegt. Von der Klause verläuft der Wanderweg nun links einen kleinen Wirtschaftsweg hinauf bis zur nächsten Forststraße. Nun rechts gehen. Am Sulzenstüberl vorbei wandern und an der nächsten Weggabelung wieder rechts halten. Es geht über einen Bachgraben. Jeweils an den nächsten zwei Abzweigungen links abbiegen. Die Wanderung führt nun über einen bewaldeten Kamm bis sie über eine Almwiese Richtung 3 Reiteralm abbiegt. Wer einkehren will, hält sich an der nächsten Wegkreuzung rechts. Der Weg zum Parkplatz zurück führt an dieser Kreuzung links hinunter über den breiten Forstweg. Jetzt ist Durchhaltevermögen gefragt, da es nun über mehrere Kilometer auf dem gleichen Weg bergab zum Parkplatz zurückgeht.

Historisches

Wer sich für Geschichte interessiert, den dürfte diese Wanderung erfreuen.

Unterwegs geht es durch einen ehemaligen Bahntunnel, der für den Holztransport in den Fels gesprengt wurde

Die Gebirgswälder rund um Weißbach waren für die Holzbringung der Reichenhaller Saline von großer Bedeutung. Bis zum Ende des 19. Jahrhunderts wurden die Bäume in den Bergwäldern noch mit Äxten geschlagen. Erst danach gab es Sägen. An der Bäckingerklause – ein Stauwehr aus 1804 – war früher ein Holzlagerplatz. Die Holztrift verlief

TOUR 22

Das spiegelglatte Wasser der Hientalklause lädt zum Plantschen ein

auf der Schwarzachen und über den Weißbach bis hin zur Saalach.

Die Hientalklause, ein Industriedenkmal, wurde erstmals im Jahre 1624 erwähnt. Damals war sie noch ein Holzbauwerk. Erst 1798 entstand unter Kurfürst Carl Theodor der heute wieder aufgebaute Steinbau. Mit Hilfe des Klausenwassers wurde hier bis 1912 das geschlagene Holz ins Tal transportiert.

Neben der Schwarzachen verlief die Waldbahn, deren Betrieb jedoch 1958 eingestellt wurde.

Auch die Almen sind interessant: Während die Harbachalm aus dem Jahre 1882 die älteste noch im Originalzustand vorhandene Alm ist, ist die Bichleralm – erstmalige Erwähnung 1345 – die einzig noch erhaltene Zwiealm im Landkreis Traunstein. Das heißt, dass der Wohnraum der Senner und der Stall zwei getrennte Gebäude waren. Das Wohngebäude der Bichleralm, der Kaser, wurde kürzlich renoviert und steht heute unter Denkmalschutz. Das heutige Hauptgebäude brannte leider im Jahre 1949 ab und wurde neu aufgebaut. An der Reiteralm wird noch gebuttert, wobei die meisten Milchprodukte mittlerweile an die Molkerei verkauft werden.

Tipp
An der Bichleralm lohnt es sich, die hübsch renovierte, denkmalgeschützte Nebenalm zu bestaunen.

Info

H	mit der Bahn von München zum Bahnhof Traunstein oder Bad Reichenhall, von dort mit dem RVO-Bus 9526 zur Haltestelle Himmelsleiter
P	Wanderparkplatz Im Mautnerfeld, Weißbach a.d.Alpenstraße
🗺	Topografische Karte Lattengebirge (DAV, BY 20)
🍴	Bichleralm Tel.: 08665-929239 Mo. Ruhetag Juni – Oktober geöffnet Harbachalm Tel.: 08665-7675 Mai – Kirchweihmontag geöffnet Reiteralm Tel.: 08665-200 Mo. Ruhetag Mai – Kirchweihmontag geöffnet
🛏	Hotel & Restaurant Alpenglück Berchtesgadener Straße 17 83458 Schneizlreuth www.hotel-alpenglueck.de ÜN Hund: 8 Euro/Nacht Haus Anni und Sepp Auenstraße 21 83458 Weißbach a.d.Alpenstraße www.haus-anniundsepp.de ÜN Hund: 5 Euro/Nacht
i	Tourist Info Schneizlreuth Berchtesgadener Straße 12 83458 Schneizlreuth Tel.: 08665-7489 www.schneizlreuth.de
✚	Dr. Matthias Facharani Dorfbauernstraße 6 83457 Bayerisch Gmain Tel.: 08651-718890

Kaskaden, Gumpen und leises Plätschern – imposante Schlucht mit ausgesetzen Passagen, Drahtseilsicherungen

Sommerspaß in der Weißbachschlucht

Hundefreundlichkeit: Diese Tour ist eher etwas für geübtere Hunde. Da jedoch der Hinweg wie der Rückweg verläuft, kann jederzeit umgekehrt werden. Das Schöne an der Wanderung ist das viele Wasser: Hunde, die gerne plantschen, werden hier ihre wahre Freude haben. Doch Vorsicht: Die Felsplatten am Wasser sind teilweise sehr glitschig. Das Ein- und Austeigen aus Gumpen erfordert deshalb manchmal etwas Geschick. Auch sind unterwegs Gitterroste zu überwinden, deren größte Herausforderung die lange Gitterrosttreppe am Mauthäusl ist. Doch sie kann umgangen werden: Wenn man noch einige Meter weiter läuft, führt ein angenehmer Weg zum Mauthäusl hoch.

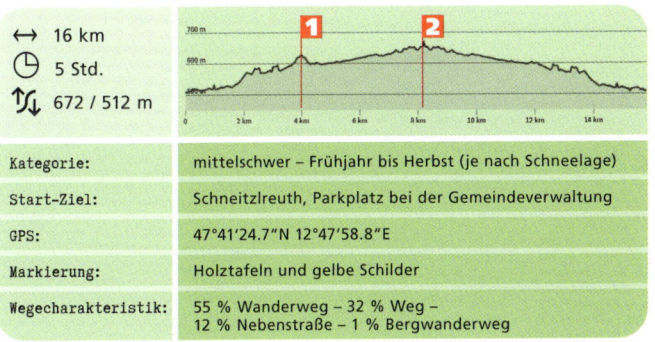

↔ 16 km
⏲ 5 Std.
↕ 672 / 512 m

Kategorie:	mittelschwer – Frühjahr bis Herbst (je nach Schneelage)
Start-Ziel:	Schneitzlreuth, Parkplatz bei der Gemeindeverwaltung
GPS:	47°41'24.7"N 12°47'58.8"E
Markierung:	Holztafeln und gelbe Schilder
Wegecharakteristik:	55 % Wanderweg – 32 % Weg – 12 % Nebenstraße – 1 % Bergwanderweg

Vom Parkplatz geht es an der Kirche vorbei in eine kleine Senke unter der Bundesstraße hindurch zum Weißbach. Nun links halten und entgegen dem Flusslauf wandern. Im Prinzip geht es nun immer geradeaus, bis zum Weißbachfall. Am Anfang stört die Geräuschkulisse der Alpenstraße etwas. Doch bald wird sie durch das tosende Wasser in der Klamm nicht mehr zu hören sein. Der zunächst etwas breitere Weg wandelt sich später zu einem schmalen Steig. Vorsicht: Gerade bei Nässe kann es hier etwas rutschig sein. Ausgesetzte Stellen sind hier zusätzlich mit Drahtseilen gesichert. Auch wenn die vielen Treppen zum 1 Mauthäusl – es wurde 1587 erbaut – abschrecken: Hier bietet sich

eine längere Pause an. Anschließend geht es wieder auf den alten Weg zurück über einen nicht mehr ganz so nassen Pfad bis zum Ort Weißbach. Die Wanderung führt weiter – nach wie vor neben dem Weißbach – am Dammweg entlang zunächst zum Salinendenkmal bis zu den in drei Kaskaden fallenden 2 Weißbachfällen (47°44'12.6"N 12°45'18.3"E). Der Rückweg verläuft wie der Hinweg oder man nimmt den „Mozartexpress", den RVO-Bus 9535, ab Haltestelle Café Zwing oder Himmelsleiter bis zur Samerbrücke zurück.

Tipps

- Badesachen einpacken: Hier dürfen Mensch und Hund in den Gumpen gemeinsam plantschen.
- Wenn der Hund Spaß am Wasser und keine Scheu vor Gitterrosten hat, lohnt sich auch eine Wanderung durch die Aschauer Klamm (ebenfalls von Schneizlreuth aus zu begehen).
- Im Gasthaus Schneizlreuth – auch Postwirt – einkehren. Die ehemalige Poststation gibt es seit 1590.
- Am Ausgangspunkt steht das 2009 errichtete Denkmal zur Erinnerung an die Tiroler Freiheitskämpfe im Jahre 1809.

Krönender Abschluss der Wanderung:
Die Weißbachfälle

Die Weißbachschlucht

Die Weißbachschlucht wurde früher zur Holztrift zu den Salinen in Bad Reichenhall genutzt. Das Holz kam aus den Wäldern des Schwarzachentals, wurde zunächst über die Vordere Schwarzache durch den Weißbach in die Saalach und von hier bis nach Bad Reichenhall befördert.
Der Weißbach war übrigens auch mal ein Eldorado für Mühlen. Im gleichnamigen Ort gab es früher die Obermühle (1415-1872, danach Gastbetrieb), die Mittermühle (1350 - 1961) und die Poschen- oder Untermühle (seit 1348).

Info

H mit der Bahn von München nach Freilassing, weiter mit der S 4 nach Bad Reichenhall, dann mit RVO-Bus 260 bis Schneitzlreuth (Rennerparkplatz)

P Parkplatz in Schneizlreuth (Gemeindeverwaltung) oder Parkplätze an der Deutschen Alpenstraße

Topografische Karte Lattengebirge (DAV, BY 20)

Hotel – Gasthof Mauthäusl
Weißbach a.d.Alpenstraße
83458 Schneizlreuth
www.hotel-mauthaeusl.de
ÜN Hund: 10 Euro/Nacht

Haus Anni und Sepp
Auenstraße 21
83458 Weißbach a.d.Alpenstraße
www.haus-anniundsepp.de
ÜN Hund: 5 Euro/Nacht

Haus Kollross
Im Mautnerfeld 4
83458 Weißbach a.d.Alpenstraße
www.kollross.com
ÜN Hund: 2 Euro/Nacht

i Tourist Info Schneizlreuth
Berchtesgadener Straße 12
83458 Schneizlreuth
Tel.: 08665-7489
www.schneizlreuth.de

TA Dr. Gottfried Auer
Niederland 41
A-5091 Unken
Tel.: +43 6589-4295

**Überschreitung des Lattengebirges – Salzalpensteig
– abwechslungsreiches Bergpanorama**

Vom Zipfhäusl zur Predigtstuhlbahn

Hundefreundlichkeit: Diese lange und zwischendrin steile Wanderung ist nur etwas für trainierte Vierbeiner, die sich jedoch über die Abwechslung der breiten und schmalen Wege sowie über die leichten Kletterpassagen über Felsplatten und Wurzeln freuen werden. Genügend Wasser mitnehmen. Aufgrund der Länge ist die Tour nichts für heiße Sommertage.

↔ 13 km	
⏱ 5,5 Std.	
↕ 1738 / 858 m	

Kategorie:	schwer – Frühjahr bis Herbst (je nach Schneelage)
Start:	Ramsau b. Berchtesgaden, Wanderparkplatz Zipfhäusl
Ziel:	Bergstation Predigtstuhlbahn
GPS:	47°37'03.0"N 12°53'45.8"E
Markierung:	gelb-grüne Salzalpensteigschilder, gelbe Wanderschilder
Wegecharakteristik:	48 % Bergwanderweg – 26 % Wanderweg – 23 % Weg – 3 % Straße

Vom Parkplatz Zipfhäusl geht es zunächst einmal geradeaus, über die Schwarzecker Straße auf die gegenüberliegende Anfahrt zum Bauernhof. Der Soleleitungsweg führt nun links am Hof vorbei, zunächst auf einem breiten Pfad über Almwiesen und durch einen Wald. Noch wandert man parallel zur Deutschen Alpenstraße. An der nächsten Weggabelung – nach dem Weidegatter – geht es nach rechts auf der Nebenstraße weiter.
Der Soleleitungsweg wird in einer Linkskurve nach rechts (47°37'41.1"N 12°52'52.3"E) verlassen und verkürzt über einen breiten Wirtschaftsweg den Anstieg zur Mordaualm. Immer der Beschilderung zur Alm folgend, geht es über Wiesen, durch einen Wald, alle Abzweigungen ignorierend weiter bergauf. Bald trifft die Route auf den Mordauer Wirtschaftsweg. Hier nun rechts weiter wandern. Nur an einer Stelle wird nochmals auffällig nach rechts (47°38'36.4"N 12°53'10.4"E) abgebogen und schon bald ist die **1** Alm in Sicht. Hier nochmals kräftig stärken, denn

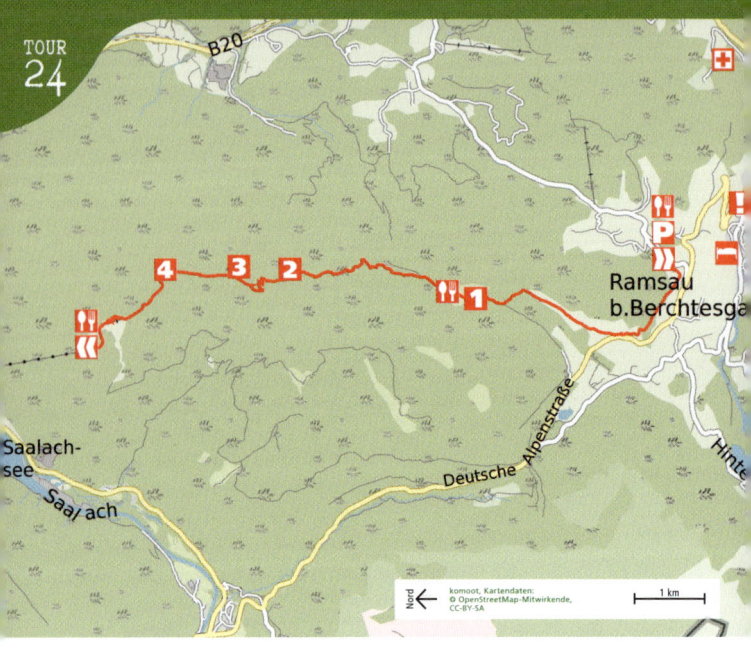

danach kommt bis zum Ziel der Wanderung keine Hütte mehr (genügend Proviant mitnehmen). Zwischendurch geht es über schmale Steige und ausgesetzte, aber gut gesicherte Stellen, deshalb erfordert diese Tour Trittsicherheit und Schwindelfreiheit. Dafür lohnt die Mühe mit herrlicher Aussicht Richtung Reiteralm und Berchtesgadener Alpen sowie das Staufenmassiv und die Chiemgauer Alpen. Von der Mordaualm geht es über den Wanderweg weiter geradeaus bis ein Schild Richtung Törlscharte, Karkopf, Predigstuhl nach links (47°39'04.4"N 12°53'29.4"E) auf einen Pfad weist. Der Steig wird immer schmaler und anspruchsvoller, geht über eine kleine, leichte Kletterpassage und den Maiergraben bis zur nächsten **2** Lichtung (47°40'10.1"N 12°53'35.4"E). Hier macht eine kurze Rast Sinn, denn jetzt wird es steil. Der Weiterweg zur Törlscharte (Bergwachthütte) und dem **3** Törlkopf ist mit seinen ungleichmäßigen, treppenartigen Einkerbungen eine kleine sportliche Herausforderung. Mit Blick auf die Reiteralm und das Sonntagshorn (mit 1961 Metern der höchste Gipfel der Chiemgauer Alpen) in der Ferne geht es weiter zum nächsten Ziel: Den **4** Karkopf. Hier zeigen sich der nahe Schreck (1725 m), das Sonntagshorn, der Hohe Dachstein (2995 m) und die Gipfel des

Die Predigtstuhlbahn wurde 1928 erbaut und ist die älteste noch original erhaltene Großkabinenseilbahn der Welt

Zum Glück sind die schwierigen Passagen mit Drahtseilen gesichert

Steinernen Meeres (höchster Gipfel 2655 m), die Berchtesgadener Alpen und im Tal der Ort Bischofswiesen. Weiter geht´s Richtung Hochschlegel über den Alpgartensteig zur Einkehr in der Schlegelalm. Jetzt ist es zum Ziel, der Predigtstuhlbahn, nicht mehr weit. Für 12 Euro (plus Hund: 5 Euro) bringt die älteste, noch original erhaltene Großkabinenseilbahn den müden Wanderer wieder zurück in die Zivilisation, nach Bad Reichenhall.

Das Lattengebirge

Das Lattengebirge bildet den nördlichen Abschluss der Berchtesgadener Alpen. Sein höchster Gipfel ist der Karkopf (1738 m). Die beschriebene Wanderung ist Teil des 2014 eingeweihten, 233 Kilometer langen Salzalpensteigs von Prien am Chiemsee durch den Chiemgau und das Berchtesgadener Land bis nach Obertraun am Hallstätter See. Dank seiner günstigen Lage ist der Einstieg in den Salzalpensteig an insgesamt 39 Einstiegspunkten in Deutschland und Österreich möglich. Viele andere Wege dieses Buches führen ebenfalls teilweise über diesen geschichtsträchtigen Steig.

Tipps

- Das Lattengebirge wartet mit bizarren Felsformationen auf: Von Bischofswiesen ist die auf dem Rücken liegende, schlafende Hexe, die ihr Profil den Rotofentürmen zu verdanken hat, besonders gut zu erkennen. Ebenfalls interessant: Die Steinerne Agens am Südostrücken des Gebirges sowie das natürliche Felsentor Teufelsloch am Felskamm zwischen schlafender Hexe und Alpgarten.
- In der Nähe des Startpunktes steht die berühmte, angeblich 1000 Jahre alte Hindenburglinde mit 30 Metern Höhe und einem Stammumfang von über elf Metern.
- Genügend Proviant einpacken – die Mordaualm ist nicht durchgängig geöffnet.
- Unbedingt früh loswandern, denn die letzte Bahn fährt um 17:00 Uhr ins Tal. Wer diese verpasst, muss über den Waxriessteig (sehr schwer/ausgesetzt, ca. 3 Stunden) oder die steile Rötelbachstraße (4 Stunden) ins Tal wandern. Sicherheitshalber Stirnlampe mitnehmen!

Info

H der Ausgangspunkt der Tour ist mit öffentlichen Verkehrsmitteln nur schwer zu erreichen

P Wanderparkplatz Zipfhäusl, Ramsau b. Berchtesgaden

Karte Topografische Karte Lattengebirge (DAV, BY 20)

Einkehr Mordaualm
Ende Mai/Anfang Juni – September geöffnet

Berggasthof Zipfhäusl
Schwarzeckerweg 8
83486 Ramsau
Tel.: 08657-278

Bergrestaurant Predigtstuhl
www.predigtstuhlbahn.de

Unterkunft Berghotel Rehlegg
Holzengasse 16
83486 Ramsau
Tel.: 08657-9884-0
www.rehlegg.de
ÜN Hund: 15 Euro/Nacht

i Predigtstuhlbahn
Südtiroler Platz 1
83435 Bad Reichenhall
Tel.: 08651-2127
www.predigtstuhlbahn.de

Tourist Information
Bad Reichenhall
Wittelsbacherstraße 15
83435 Bad Reichenhall
Tel.: 8651-606-0
www.bad-reichenhall.com

Tourist Information Ramsau
Im Tal 2
83486 Ramsau
Tel.: 08657-988920
www.ramsau.de

+ TA Dr. Andreas Schweiger
Kederbacherstraße 61
83486 Ramsau
Tel.: 08657-226006

Ganzjahrestour – traumhafter Blick – kurze, aber steile Wanderung

Bergpanorama am malerischen Hintersee

Hundefreundlichkeit: Da die Wanderung durch den Nationalpark und später über eine Almwiese führt, sollte der Hund angeleint sein. Auf dem Rückweg darf sich der Vierbeiner über leichte, abwechslungsreiche Kletterpartien am Steig und an warmen Tagen auf ein erfrischendes Bad im Hintersee freuen.

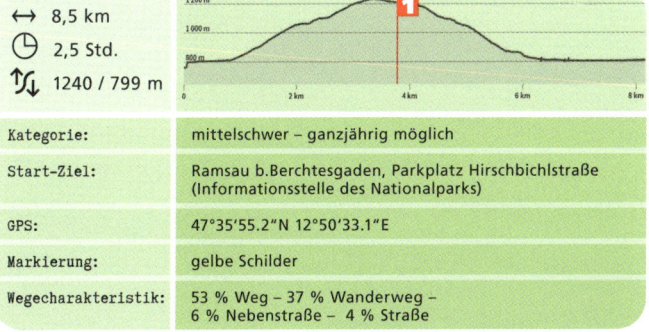

↔ 8,5 km
⏱ 2,5 Std.
↕ 1240 / 799 m

Kategorie:	mittelschwer – ganzjährig möglich
Start-Ziel:	Ramsau b.Berchtesgaden, Parkplatz Hirschbichlstraße (Informationsstelle des Nationalparks)
GPS:	47°35'55.2"N 12°50'33.1"E
Markierung:	gelbe Schilder
Wegecharakteristik:	53 % Weg – 37 % Wanderweg – 6 % Nebenstraße – 4 % Straße

Vom Parkplatz Hirschbichlstraße geht es über den breiten Fahrweg zunächst Richtung Südwesten an der Infostelle vorbei, bevor die Tour nach ca. 600 Metern rechts abzweigt. Von hier führt der steile Schotterweg durch einen schattigen Wald bergauf. Die Abzweigung zum Böslsteig bleibt links liegen und nach einigen Kehren ist die malerische Almwiese der **1** Halsalm erreicht. Im Sommer gibt es an der Halsalm (47°36'13.8"N 12°50'01.6"E) Erfrischungsgetränke. Ansonsten bietet sich auch das gleich dahinterliegen-

Bergidylle pur: Kühe, Wiesen und das Stille Örtchen mit Herzerl

de Kreuz mit seinem einmaligen Panorama als ein schönes Rastplätzchen an.

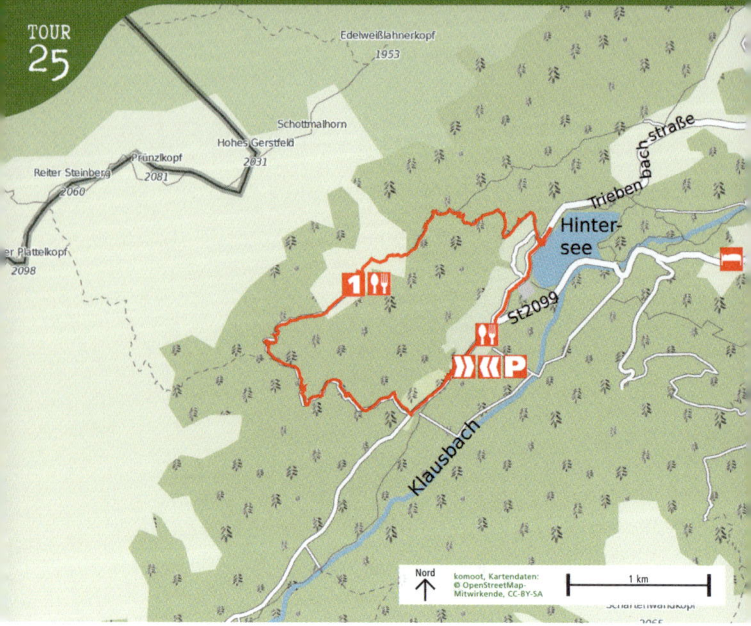

Für den Rückweg geht es über einen schmalen Steig am Kreuz vorbei. Zwar ist der Weg nicht ausgeschildert, doch – sofern man oben die Abzweigung nach rechts zum See beachtet – durchaus gut zu erkennen. Von hier führt ein Fußweg am Ufer des Hintersees entlang zum Ausgangsort zurück.

Nach langer Steigung öffnet sich der Weg zu den Almwiesen mit Blick auf den Berchtesgadener Hochthron

Hintergrund

Vor rund 3500 Jahren stürzten vom Hochkaltermassiv an die 15 Millionen Kubikmeter Fels bis zu 1300 Höhenmeter ins Tal. Die etwa 40 Meter hohen Gesteinsmassen bildeten nach 3,7 Kilometern eine natürliche Mauer. Sie stauten den durch das Tal fließenden Klausbach auf und formten so den Hintersee mit seiner archetypischen Bergseeidylle. Im 19. Jahrhundert waren in dem auch heute noch malerischen Gebirgstal Künstler wie der Hofmaler Carl Rottmann, Ludwig Richter, Ferdinand Georg Waldmüller, Friedrich Gauermann, Thomas Fearnley und sogar Wilhelm Busch zu sehen.

Verdiente Badepause nach einer schönen Bergtour

Tipps

- Fernglas mitnehmen: Mit viel Glück ist der Steinadler, Wahrzeichen des Berchtesgadener Nationalparks, der oft in der Thermik der Südhänge seine Kreise zieht, in den Lüften zu sehen. Im Nationalpark leben derzeit 16 Adlerpaare, deren Vorfahren wortwörtlich in den 20er Jahren in letzter Minute vor dem Aussterben gerettet wurden.
- Auf dem Weg zum Hintersee kommt man an der am meisten fotografierten Kirche des Berchtesgadener Landes vorbei, der Pfarrkirche St. Sebastian. Ein berühmtes Fotomotiv stammt von der anderen Seite des Baches. Ebenfalls sehenswert: Der alte Friedhof und der neu angelegte Gottesacker.
- An warmen Tagen Badesachen nicht vergessen – der sonst kalte Hintersee lockt mit angenehmer Erfrischung.
- In der ehemaligen Künstlerpension Auzinger die historische Gaststube bestaunen und „Kaskuchen" probieren.
- Wenn man schonmal am Hintersee ist, unbedingt einen Spaziergang durch den Zauberwald, einem der schönsten Geotope Bayerns, machen.

Info

H mit der Bahn von München über Freilassing nach Berchtesgaden, weiter mit RVO-Bus 846 bis Hirschbichl (Gasthof Auzinger)

P Parkplatz Hirschbichlstraße, Ramsau (Informationsstelle des Nationalparks)

Karte Topografische Karte Nationalpark Berchtesgaden/ Watzmann (DAV, BY 21)

Gastro Gasthof Auzinger
Hirschbichlstraße 8
83486 Ramsau
www.auzinger.de
Do. Ruhetag

Halsalm/Lacklehen
Pletzerweg 7
83486 Ramsau
www.lacklehen.de
ÜN Hund: 2 Euro/Nacht

Hotel Alpenhotel Beslhof
Hinterseer Straße 45
83486 Ramsau
www.alpenhotel-beslhof.de
ÜN Hund: 7 Euro/Nacht

Berghotel Rehlegg
Holzengasse 16
83486 Ramsau
www.rehlegg.de
ÜN Hund: 15 Euro/Nacht

i Tourist Information Ramsau
Im Tal 2
83486 Ramsau
Tel.: 08657-988920
www.ramsau.de

+ TA Dr. Andreas Schweiger
Kederbacherstraße 61
83486 Ramsau
Tel.: 08657-226006

Wassermassen und Mondlandschaft – Watzmann und Hochkalter – Herz–Kreislauf-Teststrecke

Tosende Klamm und karges Wimbachgries

Hundefreundlichkeit: Da das Wimbachtal zum Nationalpark Berchtesgaden gehört, sollte der Hund stets angeleint sein. Doch der Ausflug lohnt: Wie ein kleiner Abenteuerspielplatz für Hunde lockt gleich zu Beginn der Tour die tief eingeschnittene, kühle Wimbachklamm mit einem felsigen, gut gesicherten Steig über Holzstege und Brücken. Bis zum Wimbachschloss gibt es anschließend zahlreiche Bademöglichkeiten im Wimbach. Ab dann ist der Weg wasserlos der Sonne ausgesetzt. Dementsprechend ist diese Tour mit Hund im Sommer nicht zu empfehlen. An der Wimbachgrieshütte dürfen sich die Vierbeiner dafür wieder im Trog erfrischen. Achtung: Zart besaiteten Hundefüßchen könnte der Schotterweg im Wimbachtal zu schaffen machen.

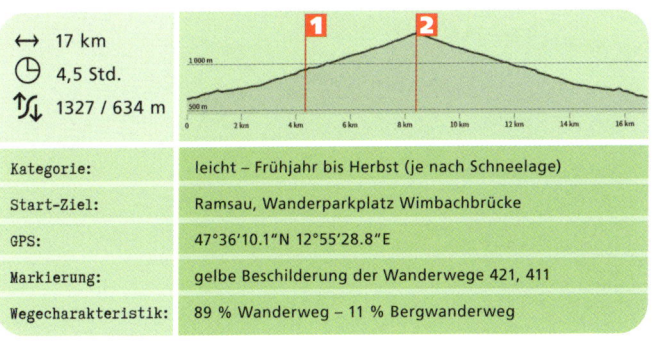

↔ 17 km
⏱ 4,5 Std.
↕ 1327 / 634 m

Kategorie:	leicht – Frühjahr bis Herbst (je nach Schneelage)
Start-Ziel:	Ramsau, Wanderparkplatz Wimbachbrücke
GPS:	47°36'10.1"N 12°55'28.8"E
Markierung:	gelbe Beschilderung der Wanderwege 421, 411
Wegecharakteristik:	89 % Wanderweg – 11 % Bergwanderweg

Vom Parkplatz Wimbachbrücke geht es rechts auf den Wimbachweg der gelben Beschilderung zur Klamm folgend. Kurz vor der Wimbachklamm steht, direkt hinter dem Shop für Schafsprodukte, ein Jeton-Automat, an dem die Eintrittskarte für die Klamm (47°35'44.9"N 12°55'14.0"E) gelöst werden kann.

Der 20-minütige Abstecher lohnt sich, zumal er – da Einbahnstraße – auf dem Rückweg nicht mehr möglich ist. Der gut gesicherte Steig durch die Klamm führt automatisch wieder auf den Wanderweg 411/421 bis zum **1** Wimbachschloß (937 m / 47°34'19.9"N 12°53'47.0"E). Das ehemalige Jagdschloss von Prinzre-

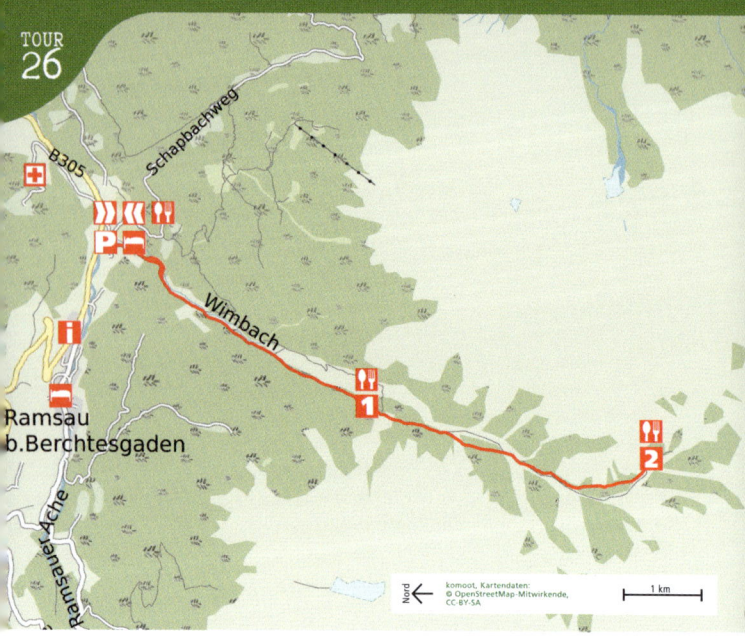

gent Luitpold wird heute als Gaststätte genutzt. Nach einer kurzen Erfrischungspause geht es auf der anderen Seite des Biergartens rechts weiter. Kleine bewaldet Abschnitte wechseln sich bei nur mäßiger Steigung auf unwirtlichen Schotterstücken stets mit Blick auf die bizarr von der Witterung geformten Palfelhörner (2222 m) ab. Linkerhand beginnt nun der etwas steilere, mäßig bewaldete Anstieg bis zur 2 Wimbachgrieshütte (1327 m/47°32'20.9"N 12°53'17.9"E). Hier unbedingt die selbstgemachten Kuchen wie z.B. die Preiselbeerschnitte probieren! Der Rückweg entspricht dem Hinweg. Nur die Kulisse ändert sich:

In der Ferne steht der Berchtesgadener Hochthron (1973 m) unübersehbar auf dem durch seine Höhlen (u.a. Riesenhöhle) bekannten Untersbergmassiv.

Das Wimbachtal

Das zehn Kilometer lange Wimbachtal ist eines der drei Haupttäler des Nationalparks Berchtesgaden und gehört auch gleichzeitig zu den ursprünglichsten Tälern Mitteleuropas. Im Gegensatz zu seinem wasserbefüllten Nachbartal, dem Königssee, ist es von einem gewaltigen Schuttstrom bedeckt. Der Wimbach – Trinkwasserlieferant für die Berchtesgadener – fließt

Der Weg Richtung Wimbachgrieshütte hat stets die Palfelhörner im Visier

TOUR 26

Zwischendurch gibt es schattenspendende Bäume

bis unterhalb des Wimbachschlosses unterirdisch und tritt nur bei Starkregen an die Oberfläche. Im Wimbachtal kann man übrigens an den Flanken des Watzmanns wunderbar den Übergang vom Kalk- zum Dolomitgestein erkennen. Laut einer Infotafel des Nationalparks wandert man pro 100 Schritte 500.000 Jahre zurück in die Vergangenheit. Am Wimbachschloss hat der Wanderer somit 20 Millionen Jahre Erdgeschichte durchquert – zu erkennen an versteinerten Muscheln, Kleinlebewesen und Korallen. Im Wimbachtal gibt es übrigens die seltene Spirke – eine Latschenart – zu sehen.

Tipps

- Kühlendes Hundeabenteuer: Unbedingt den Abstecher in die nur 200 Meter lange, aber umso atemberaubendere Wimbachklamm machen. Kostenpunkt: 2 Euro.
- Die Hüttenwirte der Wimbachgrieshütte sind selbst Hundebesitzer und haben jede Menge Infos für weitere Touren mit Hund ab der Wimbachgrieshütte parat.
- Die Wimbachgrieshütte bietet sich als Ausgangspunkt für Mehrtagestouren an. So kann erst hier und am nächsten Tag im hundefreundlichen Kärlingerhaus übernachtet werden. Danch geht´s weiter nach St. Bartholomä und von hier per Schiff und mit öffentlichen Verkehrsmitteln zurück nach Ramsau.

Info

🚉	mit der Bahn von München zum Bahnhof Berchtesgaden, weiter mit dem RVO-Bus 846 zur Haltestelle Wimbachbrücke
🅿	Wanderparkplatz Wimbachbrücke, Ramsau
🗺	Topografische Karte Nationalpark Berchtesgaden/ Watzmann (DAV, BY 21)
🍴	Berggaststätte Wimbachschloss Wimbachweg 49 83486 Ramsau www.wimbachschloss.net Mitte Mai – Mitte Oktober geöffnet
🛏	Wimbachgrieshütte Greinstraße 40 84508 Burgkirchen-Hirten www.wimbachgrieshuette.de Mai – Oktober geöffnet ÜN Hund: 5 Euro/Nacht
	Berghotel Rehlegg Holzengasse 16 83486 Ramsau www.rehlegg.de ÜN Hund: 15 Euro/Nacht
	Hotel Wimbachklamm Rotheben 5 83486 Ramsau www.hotel-wimbachklamm.de ÜN Hund: 10 Euro/Tag
ℹ	Tourist Information Ramsau Im Tal 2 83486 Ramsau Tel.: 08657-988920 www.ramsau.de
✚	TA Dr. Andreas Schweiger Kederbacherstraße 61 83486 Ramsau Tel.: 08657-226006

TOUR
27

Wahrzeichen der Berchtesgadener Alpen – gesicherter Falzsteig – subalpines Abenteuer

Zu Füßen der Watzmannfamilie

Hundefreundlichkeit: Da die Wanderung durch den Nationalpark Berchtesgaden führt, muss der Hund angeleint sein. Während am Anfang der Tour noch Wasserstellen zu finden sind, gibt es weiter oben keine mehr. Also ausreichend Wasser für den Vierbeiner mitnehmen, zumal die Wege im oberen Bereich auch der Sonne ausgesetzt sind. Der Falzsteig ist vor allem bergauf für Hunde gut zu meistern, doch auch bergab schaffen sie ihn problemlos. Eventuell braucht der Hund hier Trage- oder Führhilfe.

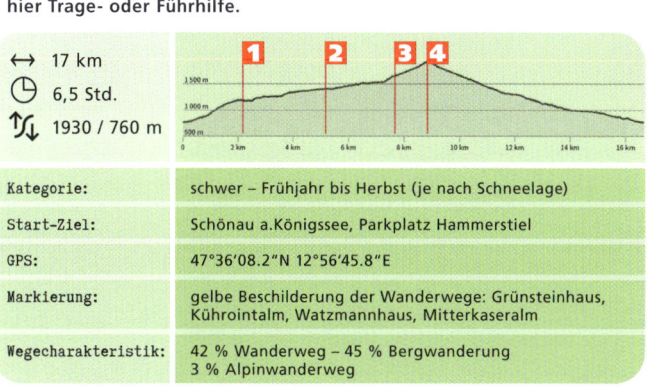

↔ 17 km
🕒 6,5 Std.
↕ 1930 / 760 m

Kategorie:	schwer – Frühjahr bis Herbst (je nach Schneelage)
Start-Ziel:	Schönau a.Königssee, Parkplatz Hammerstiel
GPS:	47°36'08.2"N 12°56'45.8"E
Markierung:	gelbe Beschilderung der Wanderwege: Grünsteinhaus, Kührointalm, Watzmannhaus, Mitterkaseralm
Wegecharakteristik:	42 % Wanderweg – 45 % Bergwanderung 3 % Alpinwanderweg

Vom Parkplatz führt der Weg Nr. 445 nach rechts Richtung Grünstein. Unterwegs kann sich der Wanderer zwischen Fahrweg oder dem steileren Steig entscheiden: Beide Varianten treffen kurz unterhalb des Grünsteinsattels wieder aufeinander. Weiter geht es auf der schottrigen Fahrstraße bis zum **1** Grünsteinhaus. Ab hier schlängelt sich ein schöner Pfad immer geradeaus durch den Wald an der weißen Wand entlang. Danach verläuft die Wanderung über den Fahrweg weiter. Nach circa 4 km kommt ein starker Linksbogen, dann geht´s gleich rechts (47°34'45.3"N 12°57'43.6"E) zur hundefreundlichen **2** Kührointhütte. Gestärkt mit frischer Buttermilch und Produkten aus der Region führt die Wanderung nun an der Gedenkapelle vorbei über einen Weg zum Wald. Die nun stetig steigende Tour

TOUR 27

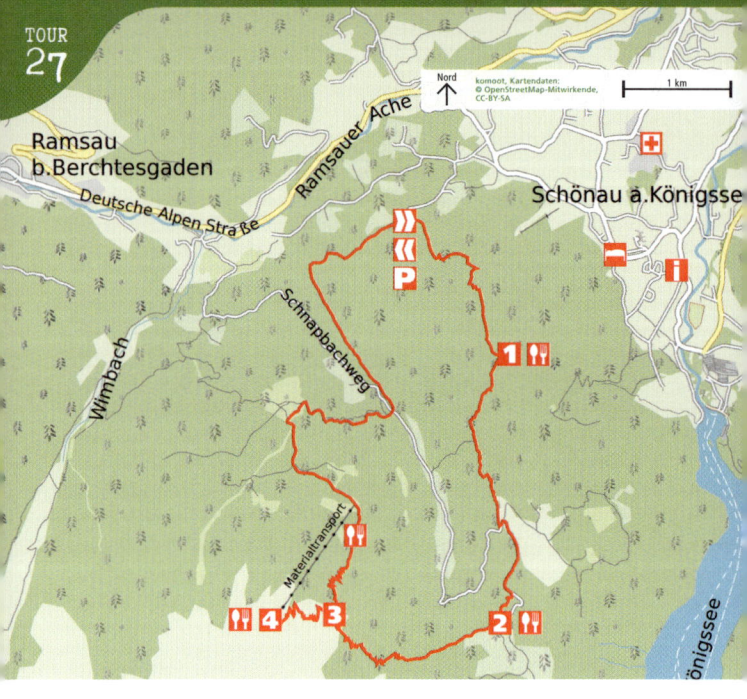

wandelt sich langsam zum schmalen Pfad, bis dieser an den gut gesicherten Kletterpassagen des Falzsteigs (47°34'13.5"N 12°56'30.2"E) ankommt. Sind diese gemeistert, geht es weiter zur **3** Falzalm und in Serpentinen (Nr. 444) am Fuße der Watzmannfrau bis zum **4** Watzmannhaus, das sehr exponiert auf dem 1940 Meter hohen Falzköpfl steht. Hier gibt es nicht nur leckeres Essen, sondern auch einen traumhaften Blick ins Berchtesgadener Land.
Zurück verläuft die Tour bis zur Falzalm auf dem gleichen Weg. Dann heißt es links abbiegen Richtung Mitterkaseralm. Kurz vor der Stubenalm biegt die Route nach rechts ab Richtung Hammerstiel (Nr. 444). Weitere Abzweigungen werden ignoriert. Nach knapp 17 Kilometern ist der Parkplatz wieder erreicht.

Die Legende der Watzmannfamilie

König Waze war einst ein grausamer Mensch, der mit seiner Familie im ganzen Land Furcht und Schrecken verbreitete. Als er eines Tages mit seinem Ross eine Bauernfamilie niedertrampelte, verfluchte ihn die Bäuerin. Er solle mit seiner Familie zu dem Stein erstarren, aus dem auch sein Herz sei. So tat sich die Erde auf und verwandelte die böse Familie zu dem, was sie jetzt ist: Dem großen Watzmann (2713 m), der Watzmannfrau bzw. kleinen Watzmann (2307 m) und den sieben Watzmannkindern. Die blutrünstigen Hunde des Königs stürzten übrigens im Steinernen Meer den Hundstod (2594 m) hinab.

Tipps

- Wer reichlich Kondition hat oder auf der Watzmannhütte übernachtet, sollte sich den Rundumblick vom Grünstein (1304 m) gönnen.
- An der Kührointalm steht die Bergopfer-Gedenkkapelle St. Bernhard, genannt nach dem Heiligen Bernhard von Aosta, dem Schutzheiligen aller Bergsteiger.
- Der insgesamt halbstündige Abstecher zur Archenkanzel (1346 m) ist fast ein Muss: Von hier gibt es einen traumhaften Ausblick auf den Königssee.
- Das Watzmannhaus ist ein beliebtes Ausflugsziel und Startpunkt für viele anspruchsvolle Touren. Deshalb diese Tour am besten außerhalb der Saison und unter der Woche planen.
- Sehr interessant ist eine geführte Tour zum Watzmannhaus. Der hundefreundliche Bergführer und Skilehrer Eddy Balduin (www.berchtesgaden-ski.de) kennt das Gebiet nicht nur wie seine Westentasche, sondern hilft Besitzer und Hund über schwierige Passagen hinweg und weiß auch spannendes über die artenreiche Pflanzenwelt des Nationalparks Berchtesgaden zu berichten.

Info

🚉 mit der Bahn von München über Freilassing nach Berchtesgaden, weiter mit RVO-Bus 843 oder 842 bis Haltestelle Kramerlehen

🅿 Parkplatz Hammerstiel, Schönau a.Königssee

🗺 Topografische Karte Nationalpark Berchtesgaden/Watzmann (DAV, BY 21)

🍴 Grünsteinhütte
www.gruensteinhuette.de
Mai – Oktober geöffnet

Kührointalm
www.kuehroint.com
Mai – Oktober geöffnet
Hunde auf Anfrage erlaubt (ohne Zusatzkosten)

Watzmannhaus
Tel.: 08652-964222
Hunde auf Anfrage erlaubt (ohne Zusatzkosten)

Mitterkaseralm
Tel.: 08652-5100
Dezember – Oktober geöffnet

🛏 Landhaus Waldhauser
Waldhauserstraße 75
83471 Schönau a.Königssee
www.ferienwohnungen-koenigssee.net
Hunde sehr willkommen, 2 Hunde übernachten kostenlos

ℹ Tourist Information
Schönau a.Königssee
Rathausplatz 1
83471 Schönau a.Königssee
Tel.: 08652-1760
www.koenigssee.com

✚ TA Dr. Manfred Weindl
Krennstraße 49
83471 Schönau a.Königssee
Tel.: 08652-948600

TOUR 28

Wallfahrtskirche Maria Gern – Schneerosen und Enzian – Materl und Kunstschnitzereien

360°-Blick von der Kneifelspitze

Hundefreundlichkeit: Eine wunderschöne, auch wintertaugliche Hundewanderung, bei der sich der Hund im Gerner Bach und im Metzenleitenbach erfrischen kann. Ab der Almwiese sollte der Hund angeleint werden, zumal nicht nur mit Weidevieh, sondern beim Gehöft Kneifel auch mit Perserkatzen zu rechnen ist. Auf der Paulshütte sind Hunde gern gesehene Gäste.

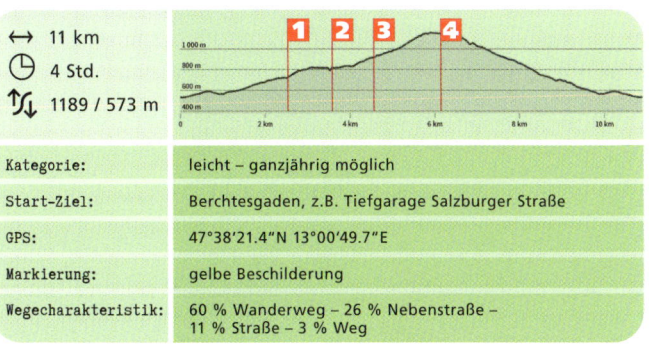

↔ 11 km
⏲ 4 Std.
↕ 1189 / 573 m

Kategorie:	leicht – ganzjährig möglich
Start-Ziel:	Berchtesgaden, z.B. Tiefgarage Salzburger Straße
GPS:	47°38'21.4"N 13°00'49.7"E
Markierung:	gelbe Beschilderung
Wegecharakteristik:	60 % Wanderweg – 26 % Nebenstraße – 11 % Straße – 3 % Weg

Vom Parkplatz geht es zunächst links an der Salzburgerstraße entlang. Dann in die Straße Am Rad rechts einbiegen und dieser bis zum Ende folgen. Hier führt rechterhand die schmale Hilgergasse kurz bergab und dann knapp 15 Minuten parallel zum Gerner Bach bergauf, bis sie direkt auf die Gerner Straße trifft. Nun zweimal rechts abbiegen bis zum Schablweg. Von hier geht es links ca. 15 Minuten weiter bergauf, bis der Weg ein zweites Mal auf die Gerner Straße trifft, nun rechts weiter gehen. Schon zeigt sich die **1** Wallfahrtskirche Maria Gern (47°39'15.8"N 13°00'08.5"E) in ihrer barocken Schönheit. Der Wanderweg führt nun rechts um die Kirche herum und wiederum rechts auf den recht steilen, asphaltierten Kneifelspitzweg. An der nächsten T-Kreuzung beginnt der Kneifelspitzrundweg. Der schönere, etwas längere Weg biegt rechts auf einen Waldweg ab. Nach knapp 215 Metern führt an einer Lichtung ein fünfminütiger Abstecher Richtung **2** Marxenhöhe/Saurüssel (47°38'49.9"N 13°00'38.0"E), der

die Mühe auf jeden Fall mit einer herrlichen Aussicht auf die Watzmannfamilie belohnt. Danach geht´s wieder rechts auf den Wanderweg, der ab hier über eine Weide führt. Bei der nächsten T-Kreuzung dem aus Anzenbach kommenden Wirtschaftsweg nach links folgen. Am 3 Kneifelhaus geht es in einer Spitzkehre wieder links. Nach ca. 700 Metern führt rechts ein Steig durch den Wald Richtung Kneifelspitze, der in vielen Spitzkehren nach 560 steilen Metern auf den Wirtschaftsweg der Kneifelspitze stößt. Diesem nach links noch ca. 270 Meter folgen und die 4 Paulshütte (47°39'29.8"N 13°01'03.1"E) ist erreicht. Doch bevor es zur Erfrischung auf die herrliche Sonnenterrasse geht, sollte man noch kurz die paar Meter Richtung Aussichtspunkt (47°39'30.7"N 13°01'10.4"E) einschlagen, um die perfekte Rundumsicht zu genießen.

Der Rückweg folgt dem Wirtschaftsweg hinab. Nach einem Kilometer geht es rechts ab – immer dem Wirtschaftsweg folgend – bis zum Metzenleitenweg. Bei Kropfleiten führt ein schmaler Wanderweg rechts ab Richtung Berchtesgaden. Er überquert den Schablweg und stößt auf die Hilgergasse, die nun in bekannter Weise bis zum Parkplatz in Berchtesgaden führt.

Die Kneifelspitze

Die Kneifelspitze ist während der Schneeschmelze im Frühjahr für ihre blühenden Schneerosenfelder bekannt. Das Pflücken der Pflanzen wird aber bestraft! Ebenfalls auf der Kneifelspitze heimisch: Der stengellose Enzian („Schusternagerl"), rosa Seidlbast, Krokus, Lederblümchen, Akelei, Ochsenauge, Weißes Waldvöglein.

Die Wallfahrtskirche Maria Gern

Tipps

- Unbedingt einen Blick in die malerische Wallfahrtskirche Maria Gern (1708-1710) werfen: Der wunderschöne Hochaltar, die herrlichen Fresken und Stuckarbeiten aus dem 17. Jahrhundert sind absolut sehenswert. Nicht zuletzt werden auch der von Wolfgang Hueber geschnitzten Marienstatur – der Grund für die Prachtkirche – Wunderwirkungen zugesprochen.
- Wenn man aus dem Tal die bayerische Fahne auf der Kneifelspitze wehen sieht, ist das Gasthaus geöffnet.

Info

🚌 mit der Bahn von München nach Berchtesgaden, Variante: weiter mit dem RVO-Bus 837 bis zur Haltestelle Maria Gern

🅿 Tiefgarage Salzburger Straße oder Parkplätze Gerner Straße, Klammweg oder Weiler Lauch

🗺 Topografische Karte Bayerische Alpen – Berchtesgaden/Untersberg (DAV, BY 22)

🍽 Berggaststätte Kneifelspitze (Paulshütte)
Kneifelspitzweg
83471 Berchtesgaden
www.kneifelspitze-berchtesgaden.de
ganzjährig geöffnet (Winteröffnungszeiten beachten)

🏨 Ferienappartements Salzbergalm
Rennweg 11
83471 Berchtesgaden
www.salzbergalm.de
Hunde übernachten kostenlos

Ferienparadies Alpenglühn Berchtesgaden
Wiesenweg 4
83471 Berchtesgaden
www.alpengluehn.de
ÜN Hund: 15 Euro/Tag

ℹ Tourist Info Berchtesgaden
Maximilianstraße 9
83471 Berchtesgaden
Tel.: 08652-9445-300
www.berchtesgaden.de

✚ TA Dr. Albrecht Höher
Sunklergäßchen 9
83471 Berchtesgaden
Tel.: 08652-2048

TOUR 29

wildromantische Klamm – gut gesicherte Steige – tosende Wasserfälle und kristallklare Gumpen

Plantschvergnügen in der Almbachklamm

Hundefreundlichkeit: Zwar sollte der Hund in der Klamm angeleint sein, doch bieten sich ihm immer wieder spannende Bademöglichkeiten in Gumpen, die ihn für den Leinenzwang entschädigen. Da der Weg zum Teil über Gitterroste und Stufen führt, ist diese Tour nur für geübte Hunde zu empfehlen. Wasser gibt es genug, dementsprechend ist diese Tour auch im Sommer machbar.

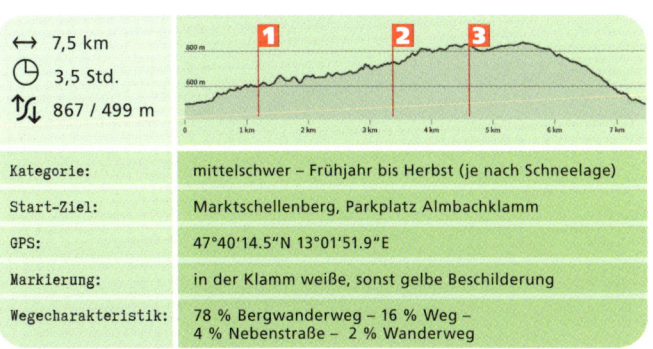

↔ 7,5 km
⏲ 3,5 Std.
↕ 867 / 499 m

Kategorie:	mittelschwer – Frühjahr bis Herbst (je nach Schneelage)
Start-Ziel:	Marktschellenberg, Parkplatz Almbachklamm
GPS:	47°40'14.5"N 13°01'51.9"E
Markierung:	in der Klamm weiße, sonst gelbe Beschilderung
Wegecharakteristik:	78 % Bergwanderweg – 16 % Weg – 4 % Nebenstraße – 2 % Wanderweg

Vom Parkplatz geht es durch den Gastgarten vom Gasthaus Zur Kugelmühle zum Kassenhäuschen. Der Eintritt in die Almbachklamm kostet 3 Euro. Von hier führt der Weg unverfehlbar am Bach entlang in die Klamm. Der zunächst breite Wanderweg verwandelt sich zunehmend in einen schmalen Pfad, der sich immer mal wieder über Brücken von einer auf die andere Seite des Almbachs schlängelt. Rechter und linker Hand ragen die steilen Wände von Ettenberg und Maria Gern hervor, doch zwischendrin bieten breite Aussichtsplattformen einen traumhaften Blick auf das unter ihnen tosende Schauspiel. Imposant ist vor allem der **1** Sulzer Wasserfall (47°40'14.7"N 13°01'12.6"E), der sich über 114 Meter in fünf Kaskaden die Felsen hinabstürzt und zu den höchsten Wasserfällen Deutschlands gehört. Der letzte Teil bis zur **2** Theresienklause (47°40'35,1"N 13°00'02,7"E) hat fast alpinen Charakter. Ungeübte Bergwanderer können sich hier an Seilsicherungen festhalten. An der Theresienklause biegt

TOUR 29

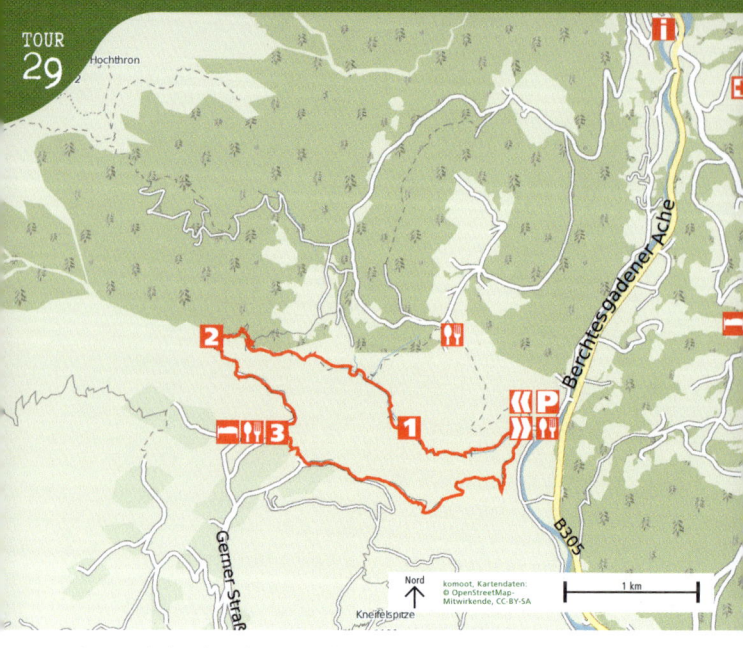

die Tour links ab und verlässt die Almbachklamm in Richtung 3 Gasthof Dürrlehen (47°40'11.8"N 13°00'25.0"E), den man nach gut einem Kilometer erreicht.
Zurück geht es über den sogenannten Holzweg, der unübersehbar hinter dem Gasthof rechts abbiegt und ins Tal zum Parkplatz führt.

Die Almbachklamm

Die Almbachklamm entstand vor 15.000 Jahren, als die Gletscher der letzten Eiszeit zu schmelzen begannen. Schmelz und Niederschlagswasser schnitten die einst zusammenhängende Landmasse von Maria Gern und Ettenberg entzwei. Der Wanderweg durch die Klamm wurde 1894 von Soldaten der 2. und 4. Kompanie des Ingolstädter Pionierbataillons errichtet.
Am Ausgang der Klamm steht die älteste, sich noch in Betrieb befindliche Kugelmühle Deutschlands. Hier werden seit 1683 mittels Wasserkraft Steinkugeln und Murmelm (auch Marmeln, Schusser und Kicker genannt) aus dem bekannten Untersberger Marmor geschliffen und in die ganze Welt exportiert. Die Kugeln waren vor allem in der Segelschifffahrt beliebte Fracht, da 10.000 Stück mit dem Gewicht von 1 Tonne hervorragenden Ballast bedeuteten. Heute dient die Kugelmühle eher als Attraktion für die

Die Vierbeiner haben sichtlich Spaß in der Klamm

Auch außerhalb der Klamm gibt es spannende Eindrücke

Gäste des Gasthauses, aber immerhin: So bleibt das alte Gewerbe am Leben. Bis Mitte des letzten Jahrhunderts waren an die 40 Kugelmühlen rund um den Almbach in Betrieb.

Die 14 Meter hohe, 6 Meter breite und 17 Meter lange Theresienklause im oberen Teil der Klamm wurde nach der Königin von Bayern, Therese von Sachsen-Hildburghausen, benannt. Hinter der 1834 bis 1836 gebauten Staumauer dauerte es bei gutem Wasserlauf gerade einmal fünf Stunden bis 15.000 m³ Wasser aufgestaut waren, bei schlechtem Zulauf dauerte es zwei Tage. Noch bis 1963 förderte die durch das Öffnen der Schleuse entstandene Flutwelle innerhalb von 20 Minuten die bis zu 4,5 Meter langen Holzstämme durch die Schlucht ins Tal. Verkeilten sich die Stämme, mussten Holzknechte sie in gefährlicher Arbeit befreien. Das Holz wurde dann durch den nächsten Wasserschwall ins Tal gefördert.

Info

🚍 mit der Bahn von München nach Salzburg, weiter mit dem RVO-Bus 840 zur Haltestelle Kugelmühle/Marktschellenberg

🅿 Parkplatz Almbachklamm/Marktschellenberg (kostenlos)

🗺 Topografische Karte Bayerische Alpen – Berchtesgaden/Untersberg (DAV, BY 22)

🍴 Gasthaus zur Kugelmühle
Kugelmühlweg 18
83487 Marktschellenberg
www.gasthaus-kugelmuehle.de
April – Oktober geöffnet

Gasthaus Mesnerwirt
Vorderettenberg 9
83487 Marktschellenberg
www.ettenberg.de
Mo. Ruhetag

🛏 Gasthof Dürrlehen
Almbachweg 17
83471 Berchtesgaden
www.duerrlehen.de
Do. Ruhetag
ÜN Hund: 3 Euro/Nacht

Ferienhaus Heuberglehen
Steinerweg 44
83487 Marktschellenberg
www.ferienhaus-marktschellenberg.de
ÜN Hund: 3 Euro/Nacht

ℹ Tourist Info Marktschellenberg
Salzburger Straße 2
83487 Marktschellenberg
Tel.: 08650-988830
www.marktschellenberg.de

✚ Tierarztpraxis Gödde
Buchenweg 9
83487 Marktschellenberg
Tel.: 08650-1300

Tipps

- Unbedingt vor oder nach der Wanderung einen Besuch in der ältesten, sich noch in Betrieb befindlichen Kugelmühle Deutschlands einplanen.
- An der Theresienklause führt rechts ein Wanderweg nach Ettenberg zur Wallfahrtskirche Mariä Heimsuchung. Von hier geht's weiter zum Mesnerwirt und über die Hammerstielwand zur Kugelmühle zurück. Wer diese Variante wandern möchte, sollte sich einen Blick in die spätbarocke Wallfahrtskirche Mariä Heimsuchung auf dem Ettenberg (830 m) gönnen. Sehenswert: Die barocke Inneneinrichtung, Deckengemälde und Votivbilder.

urige Bergpfade – steile, ausgesetzte Steige – herrlicher Ausblick

Geheimtipp zum Scheibenkaser

Hundefreundlichkeit: Diese Wanderung ist eine schöne Abwechslung für geübte Berghunde: Es geht über schmale Steige sowie Wald- und Wiesenwege. Unterwegs gibt es zwei einfache Kletterstellen, an der kleinere Hunde getragen werden müssen. Zwischendurch sind Wasserstellen zu finden, trotzdem sollte man gerade an heißen Tagen ausreichend Wasser mitnehmen. Rund um den Kaser locken wiederum Brunntröge mit Wasser. Hunde nicht darin baden lassen. Auf den Almflächen Hund anleinen bzw. bei Fuß gehen lassen. Im unteren Bereich ist die Tour schön schattig. Auf der Hochkampschneid finden Hunde unter den Latschenkiefern Schutz vor der Sonne.

↔ 6,5 km
⏲ 3,5 Std.
↕ 1436 / 775 m

Kategorie:	mittelschwer – Frühjahr bis Herbst (je nach Schneelage)
Start-Ziel:	Marktschellenberg, Parkplatz Unterettenberg
GPS:	47°40'57.3"N 13°00'50.5"E
Markierung:	Hinweg ohne Beschilderung – Rückweg Wanderweg Nr. 466
Wegecharakteristik:	62 % Bergwanderweg – 37 % Wanderweg – 1 % Weg

Vom Parkplatz Roßboden geht es über die beschilderte Forststraße Richtung Scheibenkaser. Nach etwa 15 Minuten Gehzeit kommt der Weg an einer stets geöffneten, kleinen Schranke vorbei. Direkt nach der Schranke führt der offizielle, beschilderte Weg in einer Kurve nach links weiter zum Scheibenkaser. Der Aufstieg dieser Tour erfolgt aber unbeschildert auf der Forststraße nach rechts und geht per Brücke über den Ludlgraben. Nach zwei Kehren biegt der schwer zu findende Einstieg – er sieht aus wie ein Bachbett – zur Hochkampschneid in einer Rechtskurve scharf nach links (47°41'12.6"N 13°00'22.9"E) ab. Schon nach wenigen Metern wird der schmale Steig aber im Wald deutlicher sichtbar. Sobald ein klei-

TOUR 30

ner Sattel erreicht ist, geht es nach links (47°41'22.9"N 13°00'22.3"E). Kurz darauf biegt der Weg zur steilen Hochkampschneid nach rechts (47°41'22.9"N 13°00'18.0"E) ab. Auf dem Kamm ist etwas Klettergeschick gefragt: An zwei Stellen geht es nur mit Zuhilfenahme der Hände weiter. Kleinere und weniger bergerfahrene Hunde brauchen hier Tragehilfe. Ab dem verfallenen Grubenkaser führt der Steig über Grashänge durch das große Kar unterhalb des Berchtesgadener Hochthrons bis zum 1 Scheibenkaser. Bei der selbst mitgebrachten Brotzeit macht es Spaß, das Treiben auf dem Hochthronklettersteig zu beobachten. Der Abstieg vom Scheibenkaser erfolgt zunächst über die steilen Almwiesen, dann durch den Wald an einer Quelle vorbei. Nach etwa 45 Minuten mündet der schmale Bergpfad auf eine kleine Forststraße. Diese führt nach links folgend bis zum Ausgangspunkt, dem Parkplatz, zurück.

Der Untersberg

Der 70 Quadratkilometer große Untersberg ist der nördlichste Ausläufer der Berchtesgadener Alpen. Über ihn führt die Grenze zwischen Deutschland und Österreich. Etwa zwei Drittel des Gebiets liegen in Bayern, so auch seine höchste Erhebung, der Berchtesgadener Hochthron (1973 m),

Zwischendurch ist etwas Klettergeschick gefragt

TOUR 30

Beeindruckend: Der Scheibenkaser vor der Watzmannfamilie

zu dem übrigens ein anspruchsvoller Klettersteig führt. Der wuchtige Tafelberg hat massive Felsabstürze im Süden und Osten, kann aber von jeder Richtung aus bestiegen werden. Im Untersberg verlaufen über 400 Höhlen. Eine davon, die Riesending-Schachthöhle, erhielt im Sommer 2014 – aufgrund der aufwendigen Bergung des Höhlenforschers Johann Westhauser – große Aufmerksamkeit. Bekannt ist der Untersberg auch durch das Untersberger Marmor: Er wird als polierter Baustein sowie für Steinplastiken genutzt.

Zahlreiche Mythen und Sagen kursieren über den Untersberg. So sollen Kaiser Karl der Große oder auch Friedrich Barbarossa im Untersberg schlafen. Während Karl der Große erst auferstehen werde, wenn kein Rabe mehr um den Untersberg kreise, muss der Bart von Barbarossa dreimal um einen runden Tisch gewachsen sein. Die Sagen haben ihren Ursprung in der Vorstellung, dass eines Tages ein Friedenskaiser für die letzte Schlacht der Menschheit kommen werde.

Info

H Tour ist mit öffentlichen Verkehrsmitteln nicht zu erreichen, alternativ kann man die Toni-Lenz-Hütte und Schellenberger Eishöhle besuchen

P Parkplatz Unterettenberg, Marktschellenberg

Karte Topografische Karte Bayerische Alpen – Berchtesgaden/Untersberg (DAV, BY 22)

Gasthof Gasthof Dürrlehen
Almbachweg 17
83471 Berchtesgaden
www.duerrlehen.de
Do. Ruhetag
ÜN Hund: 3 Euro/Nacht

Ferienhaus Heuberglehen
Steinerweg 44
83487 Marktschellenberg
www.ferienhaus-marktschellenberg.de
ÜN Hund: 3 Euro/Nacht

i Tourist Info Marktschellenberg
Salzburger Straße 2
83487 Marktschellenberg
Tel.: 08650-988830
www.marktschellenberg.de

+ Tierarztpraxis Gödde
Buchenweg 9
83487 Marktschellenberg
Tel.: 08650-1300

Tipp

Bei schönerem Wetter geht's mit dem Hund von Marktschellenberg aus zur Toni-Lenz-Hütte und in die Schellenberger Eishöhle. Hier dürfen übrigens die Hunde auch mit rein. Damit die Tour nicht zu lang wird: Über den Thomas-Eder-Steig zur Untersbergbahn wandern und bequem ins Tal gondeln. Zu Fuß oder mit dem Bus zurück zum Parkplatz.

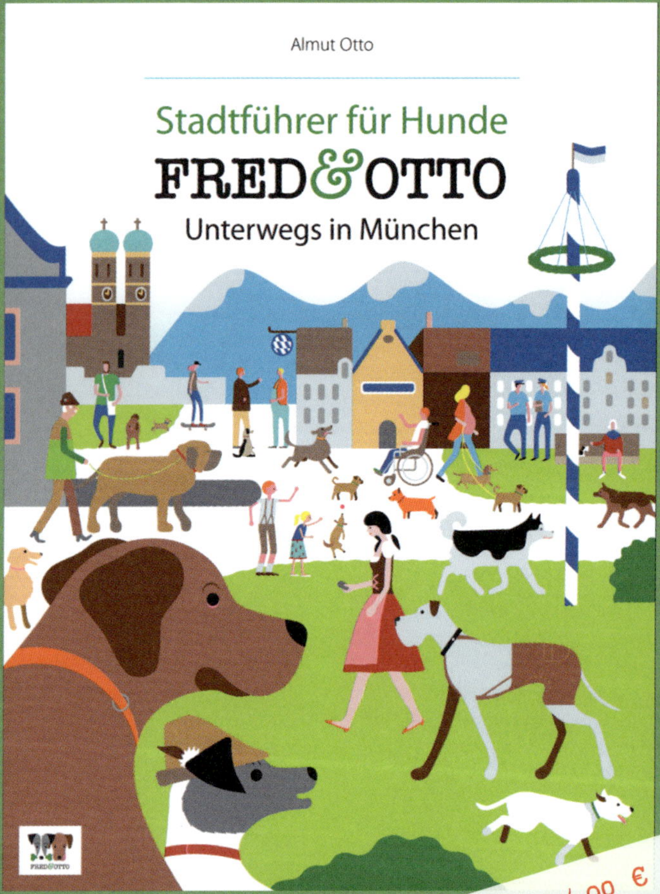

Überall im Buchhandel erhältlich! 14,90 €